くれないに命耀《かがや》く

禅に照らされて

春秋社

青山俊董

はじめに

白雪をいただくアルプス連峰や高山植物の咲ききそう高原にいだかれた信濃路にも、敗戦（太平洋戦争）の色が次第に濃くなってきた昭和二十年の四月、私は塩尻女学校へ入学した。その年の八月終戦となり、学制が改められ、旧制女学校は新制高校の中に中学として併設されることになった。

塩尻は、島木赤彦、太田水穂、窪田空穂、若山喜志子（牧水の妻）等々の歌人ゆかりの地であり、会津八一先生もおりおりこの地に来遊され、会津八一先生に師事された方々も何人か教師の中におられた。そういう土壌の故か、女学校でも短歌会というのが催され、五七五七七と文字を並べて一首を構成するということを学んだのは十二、三歳の頃であった。

初秋のある日、師と共に畑仕事を終え、夕方、鍬や足を洗うべく小川におり立った。しぶきにぬれながら咲いているつり舟草の花につと赤とんぼが止まり、とんぼの重みで花がゆりと揺れた。ゆれたのでとんぼがはなれ、又止まり……。

足洗う岸にゆびわの花咲きて
　とんぼはなれつ　また止まりけり

生まれてはじめて歌らしきものが口をついて出た。その頃、つり舟草という本名はしらず、子供達はゆびわの花と呼んでいたのだ。

十五歳で出家得度して名古屋の尼僧の修行道場（今の愛知専門尼僧堂）へ入堂した。尼僧堂には当時、宮中御歌所の寄人をしておられた長谷部親弘《ちかひろ》先生の高弟が短歌の指導に来ておられ、勅題の詠進ということもその頃に学んだ。私が短歌らしきことを学んだのはそれだけであり、全くの素人のままに、ふとおりにふれて浮かんだ短歌らしきものをメモしつづけて今日に到った。

仏道を歩む者として、叙景や遊びの歌ではなく、どこまでも道を求め、又伝えんとするいわゆる道歌でありたいとの願いのもとに作歌してきたことはまちがいない。中国の禅者の使う言葉に「胡乱《うろん》にして来たる」という言葉があるが、胡乱にして釈尊の年（八十歳）を越える年齢となり、茶や花の道と共に私の人生の一分を彩ってくれた短歌を、その短歌に因んで書いた随筆と共に一冊にまとめておきたいと思い、春秋社の、特に鈴木龍太郎氏のお力添えのもとに、この度の上梓を迎えることができた。

随処に流麗な水くきのあとをとどめての色紙、短冊、扇面等は、桑原菊代さまの御好意によるものである。平成二十四年六月、新潟・津南町・龍源寺さまより招請され、明治の頃、曹洞宗のために功労のあった星見天海和尚の百回忌報恩法要の導師と法話を勤めさせていただいた。本堂を埋めつくす参詣者の一人として桑原さまも出席しておられ、法要終了後、旬日ならずして、聞法のお礼として私の短歌を色紙に書いてお送り下さった。水くきのあとのあまりの美しさにしばし見ほれていたが、やがて春秋社から歌と随筆の本を上梓する運びとなり、更に何枚かをお願いし、拙文を雅味あふれるものとしていただくことができた。桑原さまは今年八十六歳。久しく中学で国語や書道の指導に当たられ、退職後は書道教室（日本書道教育学会系）を開かれ今日に到っておられるお方である。

又、三十余年来御厚誼をいただき、しばしば拙著の挿画をお願いして来た佐久間顕一先生には、毎年勅題の色紙・短冊等を沢山御染筆願い、有縁の方々への正月の贈り物として来た。その中より何点かをここに御紹介させていただいた。

師や母への追悼の歌は、春秋社の鈴木龍太郎氏よりすすめられ、書の道には全くの素人の悪筆の私が、報恩と追慕の想い一筋に、あえて筆をとったもので、お眼を汚すことにのみなったことを深くお詫び申し上げげる。

多くのお方々のあたたかきお力添えのもとに、この一冊が上梓の運びに到ったことを謝して御礼の言葉にかえることをお許しいただきたい。

平成二十七年十月十五日　冬安居入制の日

青山　俊董　合掌

追悼の歌

五十代にして逝きし法友へ

などてかくも疾《と》く逝きませし君が笑顔
今ひとたびと問うにすべなく

久しく茶の湯の稽古に来ていた
弟子の旅立ちにおくる

いだかれて君やすらかに眠りませ
仏のみ手の大《おお》き真中に

目　次

I 別れと巡り会い

II くれないに命もえんと

Ⅲ　百千草きらめきて

くれないに命耀く

――禅に照らされて

人間の是非をばこえてひたぶるに
君がみあとを慕いゆかばや

（平成二十八年勅題「人」によせて）

I

別れと巡り会い

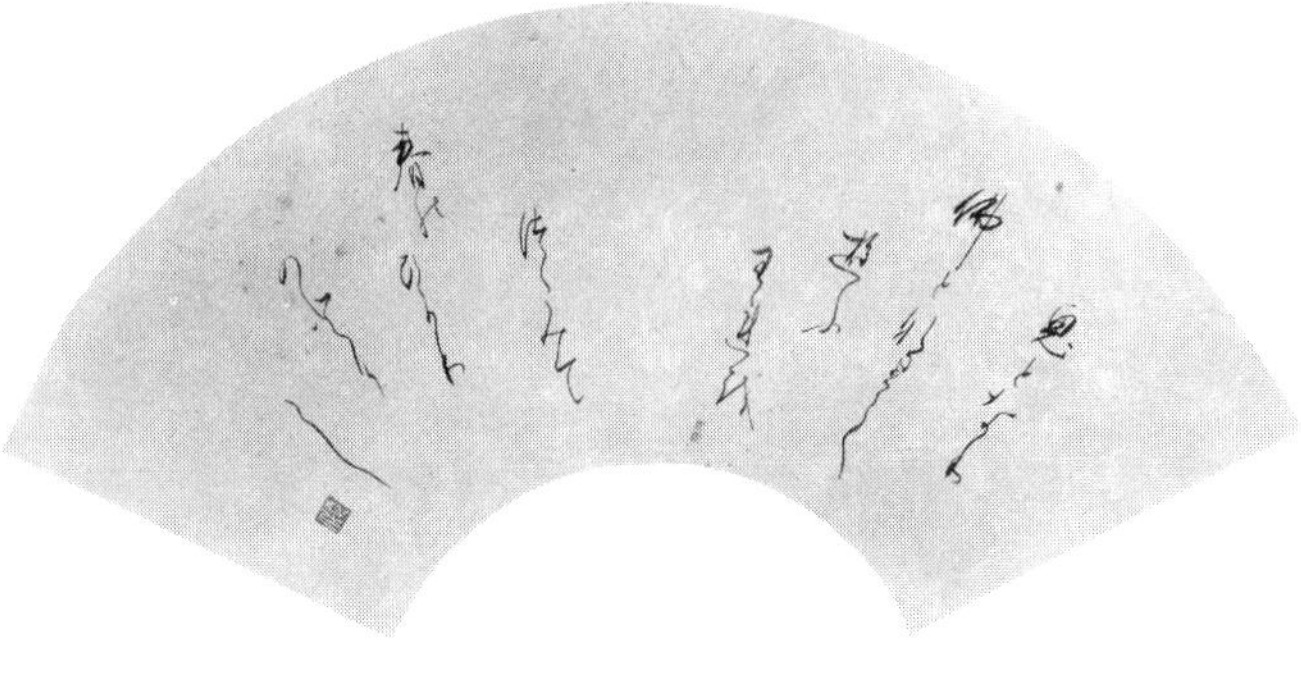

一　母と師への別れ

昭和四十九年の年の瀬もおしせまった十二月二十日の早朝、「母、危篤」という電話が入り、取るものも取りあえず中央線にとびのった。このときほど汽車が遅く感じられたことはない。母にひと目なりと会いたい、〝お母さん！　待ってて下さい！〟と心に叫びつつ、一宮（愛知県）の実家の門をくぐった。

実家はただならぬ気配につつまれ、母の枕元には近親の方々が大勢つめかけていた。

「ゆきさん！　俊董さんが来てくれたがなも。ミイちゃんが来やあしたぜ（私の出家前の名は三鶴子、ミイちゃんと呼ばれていた）」

何人かが声をかけてくれたが、そのときすでに母は、見えもせず、聞こえもせず、しゃべれもせず、ただ息のみがかすかにかよっているというありようであった。

「ミイちゃん、よう来てちょうたなも。どんなに大事なあなただったかしれない」

「ゆきさんはなも、どんな話をしていても最後はきっとあんたの上に話がおちていってしもうてなも。あんたをどんなに待っていやしたことか」

応答のない母を見つめながら、近所の方がポツリポツリと語ってくれた。

私が到着してからちょうど二時間ほどして、母は安らかに息をひきとった。
浄土宗の信心の篤い家であると同時に御嶽教《おんたけきょう》の大先達の家へ嫁いで来た母。十余年ぶり、四十代なかばにして私をみごもったとたんにこの先達から、胎内の子はやがて出家するであろう、そして生まれたとたん、信州で出家するであろうと重ねての予言があり、否応なしに出家する子を産むんだと覚悟をさせられ、産み、育てたという母。いかに覚悟はしても人の子は人の子。五歳の私を手放してから幾年泣きつづけたことか。たまりかねて信州まで会いに来たこともあった母。遠くはなれていればいるほどに、思われて思われてならないというのが、親心というものであろう。深夜、お通夜のお経を読みつづけていると、果てしなくいろいろの思いが湧き上がってくる。

思われて思われてならぬわが子だに
　ついにはおいて逝《ゆ》きたもうはや

われを産み育てたまいし御母の
　次第に冷たくなりゆく悲し

息をひきとって八時間。いよいよ納棺することになった。まだこんなに温かいのに、ひょっとしたら息を吹き返すかもしれない、呼べば答えてくれるかもしれない、もう少し納棺を待ってもらえないだろうか、そんな馬鹿な思いが頭に浮かぶ。

胸のあたりなおぬくもりの残りますに
ああ母は永遠《とわ》に答えたまわず

母を呼ぶ声も虚しく

葬式もすみ、高張提灯を先頭に母を葬る葬送の行列が焼き場に向かって出発した。母の棺にすがるようにして田んぼ道を進み、昔ながらの焼き場に着いた。

棺は、積み上げられた木の上に安置され、会葬の人びとがそのまわりをめぐりながら棺の上に線香をおくと、火が点ぜられる。

〝焼いちゃいけない！〟思わず声になって出そうになった言葉をかみ殺し、係りの方に「お願いいたします」と深々と頭を下げたが、悲しくて悲しくて、涙が滝のようにあふれ出て、どうしても顔をあげることができなかった。

〝焼いちゃいけない！〟叫びたき思いおさえつつ
　母に永訣《わかれ》の合掌をする

会葬の方々の大半が帰られ、しずかになった実家の庭から焼き場が見える。悲しいほど美しく澄みとおった十二月の空に、母を焼く煙が果てしなく昇っては消え、昇っては消えてゆく。母があんな煙になってしまったと思うとたまらなくなり、夢中で野原へ駆け出してゆき、夕映えの空に向かい、昇りゆく煙に向かい、声をかぎりに「お母さーん」と呼んでみた。答えのあろうはずもなく、その声は虚しく夕風の中に吸いとられていった。

〝お母さん〟声を限りに呼びてみぬ
　母を焼く煙のぼりゆくはてに

澄みとおる夕映えの空に母を焼く
　煙はてしなくのぼりゆく悲し

どのくらい野原に立って煙を見つめていたことであろう。夕闇が次第に色濃く足もとに這いよってきたことに気づいてわれに戻り実家の門を押した。ギイッと門はいつものように観

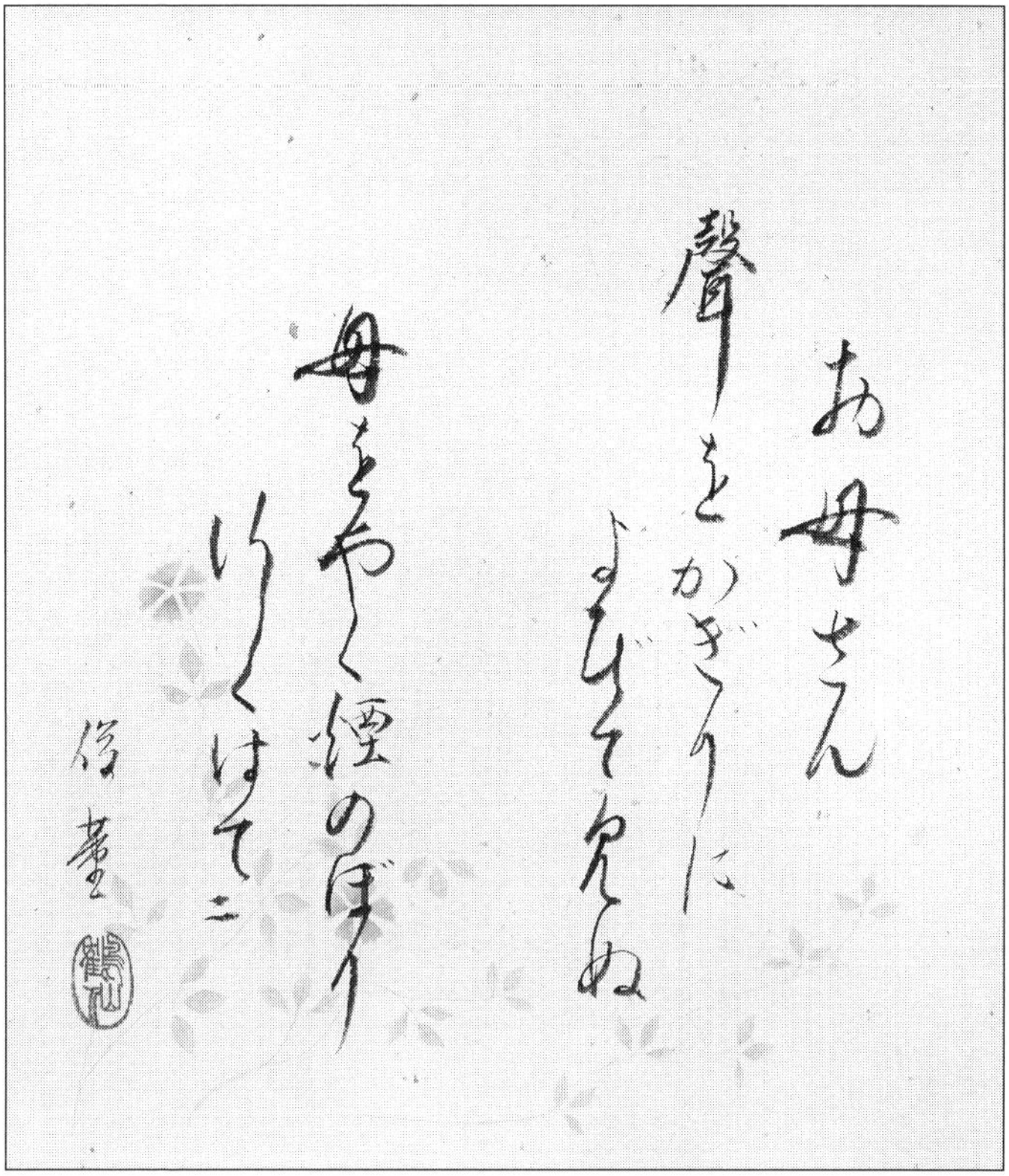

お母さん声をかぎりに呼びてみぬ母を焼く煙のぼりゆくはてに

音開きにあいたけれど、迎えてくれるはずの母の姿はなく、ただ虚しさのみが屋敷を埋め、仏壇のロウソクの火のゆらめきがいっそうやりきれなさをかきたてているのみであった。

門を押せば〝おおミイちゃんか〟と迎えましし
母はいまさず　母はいまさず

疲れと風邪と悲しみに打ちひしがれつつ、しかし、無量寺の老尼の病状が心配であったので、翌朝お骨を拾って檀那寺に納めたその足で信州の寺へ帰った。私を五歳から育ててくれた伯母の周山老尼が、その年の六月、脳血栓で倒れ、非常に危険な状態をつづけていたから。

供物の減らない寂しさ

四日ほど留守をして寺に帰り、老尼の枕元に座り、老尼の顔を見たとたん〝あっ、これは時間の問題だ〟と直感した。老尼と私は実家が同じなので、実家の弔事は語らず、良いことだけを枕元で話してみたが、すでに老尼の意識は遠くへ去り、なんの応答もなかった。余りに疲れや風邪がひどかったので一晩休ませていただき、翌朝早く老尼の枕元に駆けつけたときが最期で、老尼もまた逝ってしまった。

母が逝って四日目の十二月二十四日の朝、九十四歳の長寿をまっとうして老尼は黄泉の客となった。
この半年間、脳血栓という病気のためか、老尼は夜となく昼となく私の名を呼びどおした。お経できたえたひびきのある大きな声で、「俊董、俊董、しゅ、ん、ど、おう」と呼びつづけられ、多忙のため四、五時間しか睡眠時間をとっていない私は極度の寝不足に悩まされ、自分の体をいとおしんで、五回か十回に一度ぐらいしか枕元に駆けつけなかった。あとは、つききりで看病していて下さる師匠と弟子にまかせきりで寺務に追われていた私。再び呼んでもらえなくなった今、かぎりない後悔と懺悔の涙が、堰《せき》を切ったようにあふれ出て、とどめるすべもなかった。

名を呼べぬ日の近づくを知りましてか
　夜昼となく呼びたまいしを

呼びませしときなどすぐに答えざりしと
　後悔の涙とどめあえなく

今一度わが名呼びませとなきがらに
　すがれど老尼は永遠《とわ》に声なく

小さき骨となりてわが胸にいだかれ給う
　老尼に懺悔のただ涙のみ

師走もさらに押しせまった二十七日、母を亡くしたよりもなお辛い思いの中に老尼の葬儀をすませて、裏の墓にお骨を納めた。会葬の方もおおかた帰られ、兄姉たち、近親の人びとの迎えの車が玄関にすべりこんできた。兄がたったひとこと「さみしかろうけどよ……」とつぶやくようにいい、あとは言葉にならないまま車中の人となった。言葉にならない言葉がジンと胸に伝わってくる。

〝さみしかろうけどよ〟あとは言葉にならぬまま
　兄は車中の人となります

朝、本堂でのお勤めを終えると、その足で庭におり、隠居さんのお墓へお詣りをする。信州の冬は、朝ごとに霜がおりるか、雪がつもっている。お骨の下には小さな座布団を敷いてあげたけれど、上にも布団をかけてあげればよかった。寒がりの隠居さんが、こんな冷たい石の下で、火もなくていらっしゃって、さぞかし寒かろうに。〝隠居さん、火も入れてあげられなくてごめんなさい〟あふれ出る涙をおさえながら、せめてもの思いで、墓につもる雪を払い、霜を払いすると、またもや懺悔の思いが胸にこみあげてくる。

火を入れてあげたき思いおさえつつ
　朝ごとに墓の霜はらいまつる

三度三度、隠居さんの好物を別に作っては口に運んでさし上げたのに、もう私たちの食べるものと同じものを供えればよくなった悲しさ。しかも、供えても供えてもお茶一滴、お菓子ひとつ減らないことの虚しさ。人情というものはおかしなものである。減ったらびっくりするであろうに。理屈ではわかっていても減らないということは、なんともやりきれなく寂しいものである。誰の句であったか覚えていないが、「何供えてももの足らぬ冬の墓」という句の心が、しみじみとわかる思いがしたことであった。

永遠に不生不滅の仏の御生命が、たまたま八十年の母の生涯となり、九十四年の老尼の生涯となって現れ、このたび因縁つきて、もとの仏の御生命に帰ったまでのこと、なくなってしまったのではないんだ、と自分にいいきかせてみても、しょせん頭の先の話で、凡夫の私は理屈抜きに果てしなく悲しいばかりであった。

老尼との別れ

伯母である周山老尼とともに私を五歳から育ててくれた仙宗老尼が、周山老尼遷化より十八年ののちの平成四年二月十九日、周山老尼と同じ九十四歳で帰らぬ客となってしまった。

師を択ぶのは学人であり、択ぶ目がなければ、どんなに素晴らしい人に出会っていても、真の出会いは成立しない。どんなに素晴らしい教えを聞いていても聞く耳が開いていなければ聞けないように。その目や耳を育ててくれたのが、この二人の師である。

十五歳で出家得度し、十五年間、修行道場に、また大学にと、気のすむまで文字通り遊学している私を、黙って見守り、貧しい山寺を守り、蚕を飼い、田畑を耕し、小遣いを送りつづけてくれた。三十歳を越えてようやく寺へ帰ったと思う間もなく、尼僧堂との往復、加うるに講演だ、研修だと日本中を走り回り、ときどき帰ると、禅の集いだ、参禅会だ、お茶会だと大きな行事を計画する私の土台石となって、黙々と台所でご飯を炊き、風呂を焚いてくれた。

師は、其のまた師匠である私の伯母にあたる周山尼に、七十年を一日のごとくに仕え、脳血栓でたおれて半年寝たきりになられた月日も、お便所へ立つほかは従昼至夜《じゅうちゅうしや》片時も離れず看病された。九十余年の生涯を、師に仕えとおし、また弟子のために徹底的に捨て石となりとおし、更に、入れかわり立ちかわり訪れる弟子（師にとっては孫弟子）をも、また私に

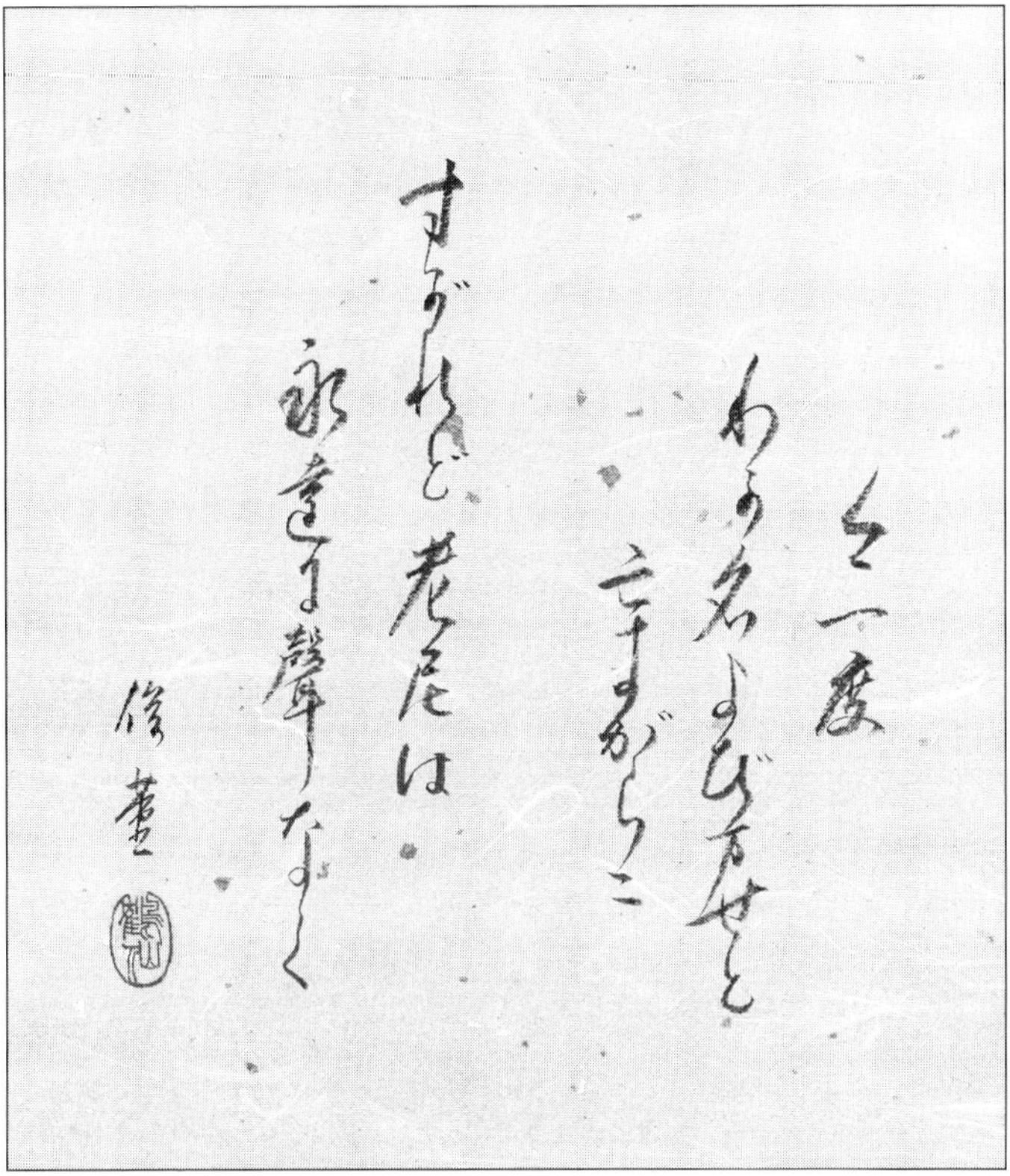

今一度わが名呼びませとなきがらにすがれど老尼は永遠に声なく

代わって見守り育ててくれた。

　とき折り帰る私にいう師の言葉は、「何も手伝えないですまんな。体は大丈夫か。少しは仕事を減らさないと、お前もそろそろ歳だからな」のひと言のみ。自分のあちこちの痛みは、私に心配させまいとの配慮から、あまり語られない。

　この師に抱かれ、この師に見守られ、この師に支えられて五十五年余り。こんなすばらしい生きた手本の中に育てていただきながら、私は身をもって示してくださった教えのひとつも実行できていない。寺も師匠も弟子に任せっ放し。弟子のために身を尽くすのではなく、自分で蒔いた種を自分で刈りとりきれず、処理しきれない仕事をどう手伝ってもらうか、ということしか考えていないエゴのかたまりのような私。師の生きざまを思うとき、どうしてこんなできそこないができてしまったのだろうかと、ただただ申しわけなく思うのみである。願わくは、私を見本とせず、私を飛び越え、師を手本として育ってくれと、心ひそかに、弟子たちに向かって掌を合わせ、詫び、祈っての日々の私。

　禅門ではよく、戒師になるのはやすいことだが、戒源師《かいげんし》になるのは至難なことだといって、戒源師を非常に大切にする。戒師というのは戒を授けることができる人であり、戒源師というのはその戒師を育てた師匠のことである。わかりやすい表現に変えるなら、自分が立派な人間になることは楽だが、立派な人間を育てることができる人間になることはむずかしいというのであり、師はそういう人であったと思う。

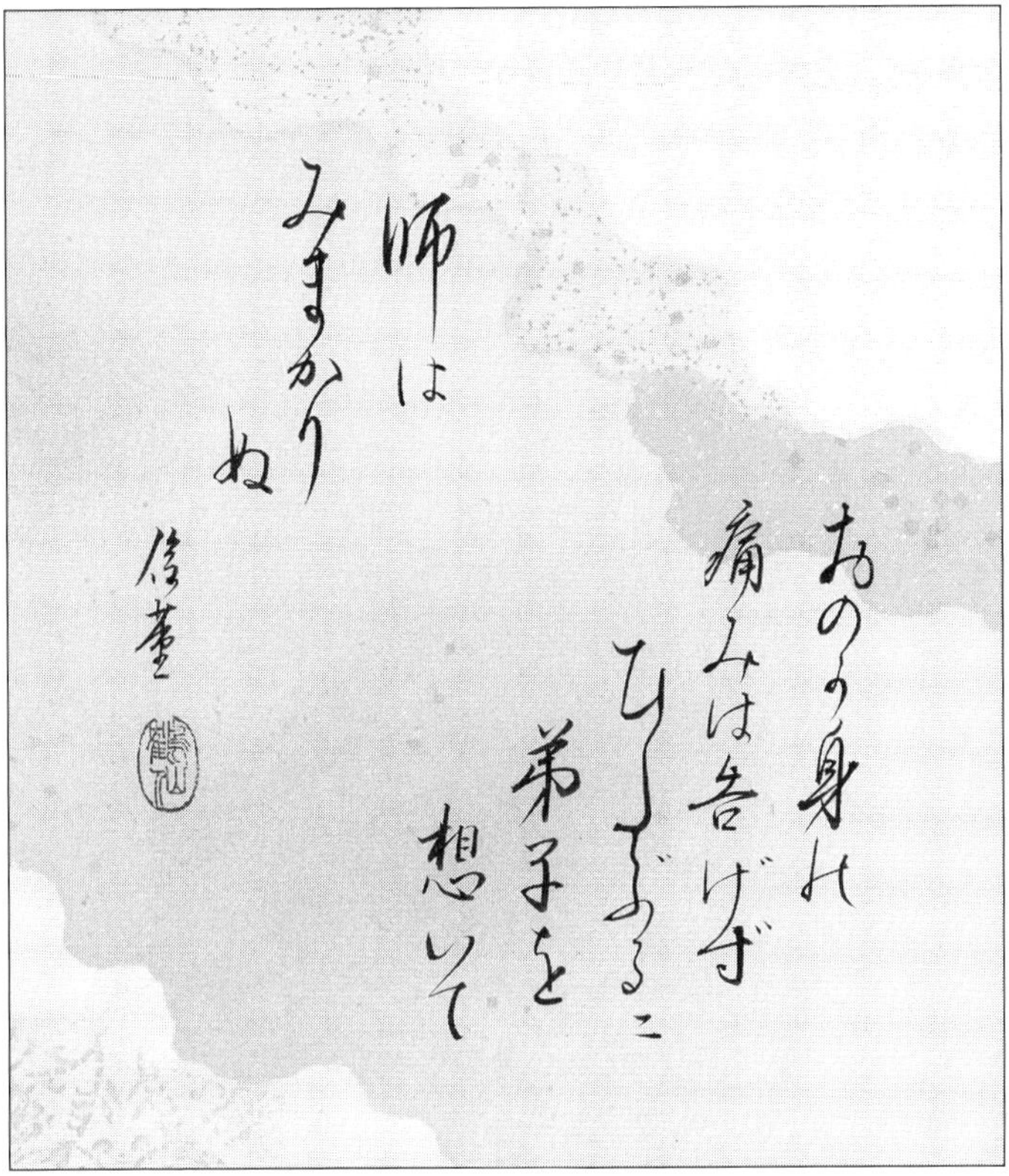

おのが身の痛みを告げずひたぶるに弟子を想いて師はみまかりぬ

二月十五日、尼僧堂での涅槃会摂心や法要をすませて、夕方、師のもとに帰る私を待つようにして、十七日夜、脳出血を起こし、ものいわぬ人となり、一日半眠りつづけ、十九日午後四時半、師は九十四年の生涯を閉じられた。

おのが身の痛みを告げずひたぶるに
　弟子を想いて師はみまかりぬ

五十五年、いつくしみ育てたまい、生涯を私の捨て石になって支えつづけてくれた、師の遷化。それまでは、老尼が待っていてくれるからと、一刻を争う思いで自坊へと急いだのであるが……。尼僧堂にあっても、旅のどこかにあっても、はるかに老尼のいます方向に向かって無事を祈り、仕えられない不幸を詫びてきた。もう待っていてくれない、土産を買って帰っても食べてくれない、そう思っただけで、ところかまわず涙があふれ出る。

如月はかなしき月か釈迦牟尼の
　あとをしたいて師はみまかりぬ

二　病気も授かりもの

入院、手術の宣告

昭和四十五年、三十七歳の春頃より体調に異状のあることを自覚し、じょじょに進行している状態を見つめつつ、ひそかに入院の心準備をした。

たまたま病臥《びょうが》していた二人の師匠に心配させないために、東京の知人に紹介の労をとっていただき、東京・順天堂病院で加療しようと心にきめていた。

「癌ではないと思うけれど、とにかく一度診ていただこうと思う。多分、手術はせねばならないと思うが、心配なさらないように」

と師匠達に告げて。

六月二日　順天堂病院で診察を受けた結果、「粘膜下筋腫ですな。癌に移行するおそれもありますから、即刻手術をしましょう。今日中に血圧、心電図等、一切の準備をすませておくように」とのこと。診察はわずか五、六分で終わり、八日入院、十日手術を申し渡される。心にかかっていた心臓の方は、軽度の心臓中隔欠損（先天的なもので、心臓に穴があいている）で、手術にはなんとか堪えられるであろうとのこと。

六月八日入院、十日手術。受け持ちの先生や婦長さん、入れかわり立ちかわり来られて、手術の不安を取り除こうと心づかいして下さるが、不思議に不安はまったくない。

病気を自覚して半年。手術をひそかに覚悟して二カ月。初めに私の心に浮かんだ思いは、〝ちょっとこっちの病気は都合が悪いから、こっちの病気にしてくれませんか〟と病気を択《えら》ぶことができたらいいなあ、ということであった。次の瞬間、大切なことに気づかせていただくことができた。〝親が子を択び、子が親を択ぶことのできないように、病気も択ぶことができないのだ。択ぶことができないということは、病気も仏さまからの授かりものということ。授かりものであるならば、たとえその病気が死に至る病であろうと、つつしんでお受けするよりしようがない。心しずかに掌を合わせてお受けいたしましょう〟と。思わず短歌らしきものが口をついて出た。

み仏のたまいし病もろ手あわせ
　受けたてまつる心しずかに

「心は仏にまかせて安く、病は医者にまかせて安し」といった誰かの言葉を思い出す。「癌に移行するおそれもあるから」と診断のとき教授はいわれたが、万一死んでもよい。それが、み仏の思召《おぼしめ》しならば心しずかにお受けいたしましょう。

病んでいることの自覚

手術のあとしばらくは朝も昼も三分粥。まったく手をつけず。午後になるときまって七度八分の熱が出て体の置きどころもない思いなのだが、寝返りを打つこともまだできない。あまり何も食べなくては、とみずから戒め、昼の牛乳を半分ほど飲む。見舞いに来たSさんがビワを小さく切って、口へ入れて下さる。まずい。砂を食べているみたい。何を食べてもおいしくない。だから食べようとも飲もうとも思わない。ふだんは人一倍食べる私が、看護婦さんに「食が細いのね」といわれるほどに食欲がない。

「当たり前」のありがたさ

そういえばここ数日来、体の調子が悪くて目をさますのは、きまって真夜中の午前一時か二時。病人が苦しむのもこの時間が多く、死んでゆく人も比較的この時間が多いと聞く。この時間は、太陽が地球の反対側にいるときである。ということは太陽の引力や光が、潮の満ち干《ひ》が、私たちの体に影響を及ぼしているということになる。季節でいうと、六月の梅雨どきは出血が多いから心臓などの手術はなるべくさけるとか。病弱の人は毎日の晴雨や季節の移り変わりが直接、体にひびく。

つまり私たちの体は、一応、外囲いがあって、私のものと考えているけれど、宇宙いっぱいにみちみちている大いなる働き、大いなる生命にもよおされ、助けられてこそ今の一瞬が存在しうるのであり、その助けがなければガスひとつ出すこともできないのだ。

そう気づいたとき、「生きるためのいっさいの努力を忘れて眠りこけて（東井義雄先生の詩の一節）いる私」を生かしつづけていて下さる御力が、まざまざと肌に、体内に感じられてきた。その同じ御力が、あの人を生かしこの人を生かし、あの動物を生かしこの草木に花を咲かせて下さっているのだ。

胸に手をあてて心臓の鼓動を聞く。ドキッドキッと打つ音が、そのまま宇宙いっぱいの鼓動に聞こえる。いや宇宙の心臓の鼓動を、私の心臓の鼓動をとおして聞く思いといった方が、ふさわしいかもしれない。宇宙のすべてがひとつ生命に生かされている兄弟姉妹たちであった……。ひとつ生命……ひとつ生命……。私は、思わず道元禅師の『正法眼蔵』生死《しょうじ》の巻の一節を心の中で読み返す。

「ただわが身をも心をも、はなちわすれて仏のいへになげ入れて、仏のかたよりおこなわれて、これにしたがいもてゆくとき、ちからをもいれず、こころをもつひやさずして生死をはなれ仏となる」

夕方、泰山木の花が散った。

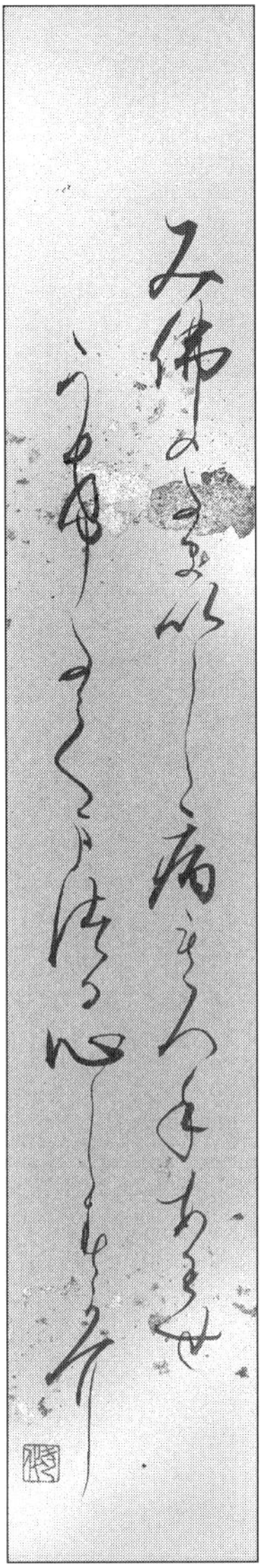

み仏のたまいし病もろ手あわせ受けたてまつる心しずかに

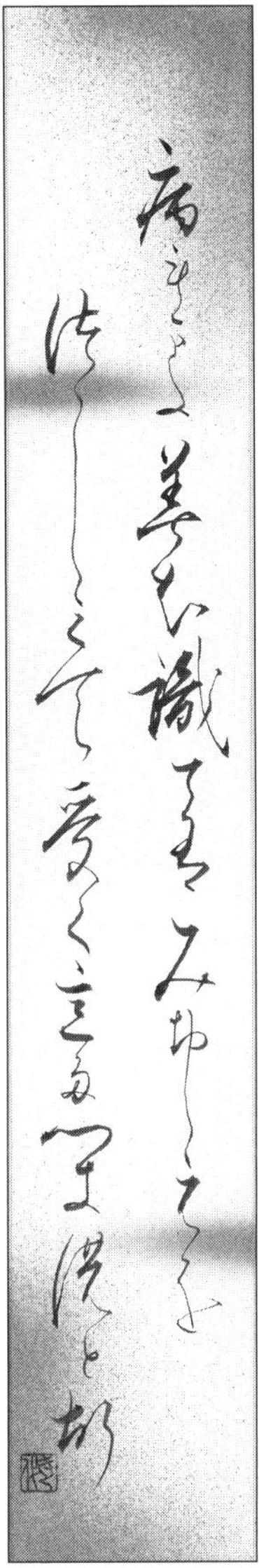

病もまた善知識てうみ教えをつつしみて受くいたつきの床

昨日、友がつぼみを飾ってくれた。夜のうち、私が便器の上に乗ったりおりたりしているあいだにみごとに花を開き、夜明けにはレモンのような香りを部屋いっぱいにただよわせ、訪れる人の目をたのしませていたのだが。

散った花びらを手に取って見つめる。しずかに歩み去っていった、時の足音が花びらの中より聞こえ、その流れが目《ま》のあたりに見える。

しずかなれどたしかに時は流れ去りぬ
　泰山木のつぼみ開きて散りし

命がけの排泄

六月十四日　午前九時。ガタガタ、便器をのせた手押し車の音。ああ、またお小水をしなければならない、と思っていると、トントン、

「青山さん浣腸《かんちょう》しましょうね。手術後一度もお通じがないから」

まだしたくないからと断わってみたけれど、先生から指示が出ているからと容赦はない。観念して浣腸していただく。腸全体に液がまわるまでは出さないようにとのことなので、便器の上に寝たままがまんする。

便器にあたっているところのお尻が痛い。液がまわって腸が動き、お腹の中の傷にさわるのか、お腹も痛い。がまんできなくなって出す。浣腸水に助けられてはするものの、とにかく体内にあるものを外へ出さねばならぬ。両手で傷をおさえ、命がけの排便だ。体中の汗腺《かんせん》という汗腺から吹き出るように汗が流れる。ひと休みしたら出なくなってしまう。少々傷が痛くたって出すだけ出してしまわねば、と息をつめて一生懸命がんばる。

ようやく大便が出終わったと思ったら、さそわれるようにお小水が出はじめた。やれうれしや、はじめて自分からお小水が出てくれたと、また傷をおさえなおしてひとがんばり。両方すんですっかりくたびれ、フウフウ荒い息をして、しばらくはベルも押せない。ようやく呼吸がおさまったので、ベルを押して看護婦さんに来ていただく。

「まあ、たくさん出たわね。浣腸どうしようかと思ったけど、してよかったわね。疲れたでしょう？　でも気持ちよくなったでしょう」

看護婦さん、優しく語りかけながらお尻を拭いたり汗を拭いたり、事もなげに処理して下さった。疲れて目をつぶり、楽になったお腹をなでながら思う。

こんな真剣なお小水、こんな真剣な大便をしたのは生まれて初めて。まさに乾坤《けんこん》これ放尿、乾坤これ放糞である。

世の母親たちが、幼子のおむつを取り替えるたびに、その便の色や匂いや硬軟を確かめ、それによってわが子の健康を計り、そのたびに「よくぞしてくれた」と心で合掌しつつ、宝物を扱うように始末するという体験を聞かされたことがある。

看護婦さんたちが、排泄した患者自身さえやりきれない思いをしている大小便の器を、大切なものを扱うごとく扱っている姿を見て、ふと、いつか聞いたこの話を思い出し、思わず合掌する。

普通、何事もなく食べ物をいただけて、用便できるということはなんと素晴らしいことか。ひとつ狂うということは、天地がひっくり返るほどに大変なことなのだ、ということをしみじみと知る。

精神のワン・ステップは「まず捨てる」こと

内山老師は、道元禅師の『普勧坐禅儀《ふかんざぜんぎ》』の初めの一句「たずぬるに夫《そ》れ道本圓通《どうもとえんづう》、いかでか修證《しゆしよう》を假《か》らん」を、「本来タシマエいらずフンヅマリなしの完結した自己」と意訳され、その自己を「今ここで、いかに充実して行じてゆくか」が仏道修行だとおっしゃっておられた。

糞づまりの状態になって初めて、これがいかに名訳であるかに気づき、当たり前と思っていたことが一大事であったのだということを、身をもって知ることのできたよろこびは大きい。

み仏のお計らいによって愚鈍の私に今度の病を与えて下さったと、ただ感謝のみ。

病《やまい》もまた善知識てうみ教えを
　つつしみて受くいたつきの床

腸が正常な状態にもどり得て初めてガスが出る、お通じが出る、小水が出る。かくてはじめて食物が喉《のど》を通り、それが栄養として体に吸収される。「まず出す」――このワン・ステップがないかぎり万事休すなのである。

さてそこで考えるのは「精神的ワン・ステップは?」ということ。「放てば手に充てり」と禅では語りかけ、仏法のギリギリを「捨ててこそ」の一語で答えられた一遍上人のことを、また「出家」を「大いなる放棄」と訳されていることなどを思い返す。

内山老師より見舞いのお手紙がとどいた。お手紙の中には「仕事を減らし、あなたでなければできないという仕事にのみ打ちこんで欲しい。達磨大師ははるばると海を渡って中国へやって来られたのも、ひとえに誓願のためであった。あなたの人生も誓願にのみ生きてほしい。病気をきっかけに、くれぐれも仕事を減らすように」と繰り返し書かれてあった。

誓願にのみ生きませの師の言葉
　地なりのごとくひびきて止まず

病いもまた善知識

手術を受けて六日目、歩けたらお手洗いへ行ってよいといわれ、看護婦さんの肩を借り、注意深くベッドをおり、片方の手でしっかり傷をおさえ、一歩一歩、歩く。

一歩二歩あゆみおぼえし幼なの
　如くに歩む癒えそめし吾

右前方で足音がする。誰か来たな、チラッとよそ見する。とたんに体がフラッと右によろめく。左でガタンと音がする。どうしたのかな、チラッと心が動く。とたんにフラッと左によろめく。ひたすら自分の足もとを見つめ、目的のお手洗いに向かって一歩一歩、注意深くまっすぐ進まないと足がもつれる。おもしろい。人生も同じか。よそ見する。それる。もとへひきもどしてくれる看護婦さんに相当する支えが、その人の心に準備されていればもどることができるが、支えがないとそのままそれっぱなしの人生航路になってしまう。

心の支え、もとへひきもどす力は何か。

支柱なきときのよそ見のこわさを思い、〝莫妄想《まくもうぞう》〟（妄想することなかれ）といい、〝純一無雑に修行せよ〟と説き、〝却下を照顧せよ〟――足もとを見よと叱咤した古人の心を、思いがけない角度から味わいなおさせていただく。

六月二十三日　午前九時。外来へ出てT教授の診察を受け、部屋に帰って受け持ちの先生より退院後の指示を受ける。

白隠禅師は「南無地獄大菩薩」といわれたが、十六日間の、みのり多き入院生活に「南無病気大菩薩」と心から感謝しつつ、午後四時、退院する。

全部いただく

露のまま生けてたまいし露草の
　露むらさきに染めて散りけり

熱さがり咳おさまりて枕辺の
　露草の露見つつまどろむ

風邪をこじらせて肺炎となり、一週間の絶対安静を命ぜられ、毎朝雲水たちが心をこめて生けてくれる露草の紫をたのしみながら臥床。たのしみながらとはいうものの、初めの三、四日は、熱に浮かされ、五分と同じ姿勢が保てず、寝がえりを打ったり起きあがったり、机にうつぶせになってみたりの幾昼夜の果て、ようやくにして眠りを授かることができた。熱も下がり、眠り足りてめざめた目に、今開いたばかりの沙羅椿の花が、さわやかな朝の風と共にとびこんできた。

心地よい眠りたまわり醒めし朝
　沙羅椿の花　笑みて咲きおり

体調がととのわなければ、眠ることさえできない。弱った体には、わずかな暑ささえも耐えられなくて、更に眠りを遠ざけてしまう。明け方の涼しさの助けも借りつつ、眠ることができた朝、しみじみと「たまわりし眠り」という言葉が、実感として口をついて出た。眠りが自分の力で自由になるものなら、不眠症などという病気は存在するはずもないし、眠ってはならないときについうとうとと居眠りをしてしまうということもあるまい。坐禅のとき、あるいは自動車の運転中、誰も眠ってよいと思って眠るわけではないが、わが意志に反して眠ってしまうのである。眠りさえ私の力の及ばないところ、天地いっぱいの働きのままに、まかされていることに気づく。

食欲も同様である。大体食いしんぼうの私は、三十八度位の熱ならモリモリいただいてし

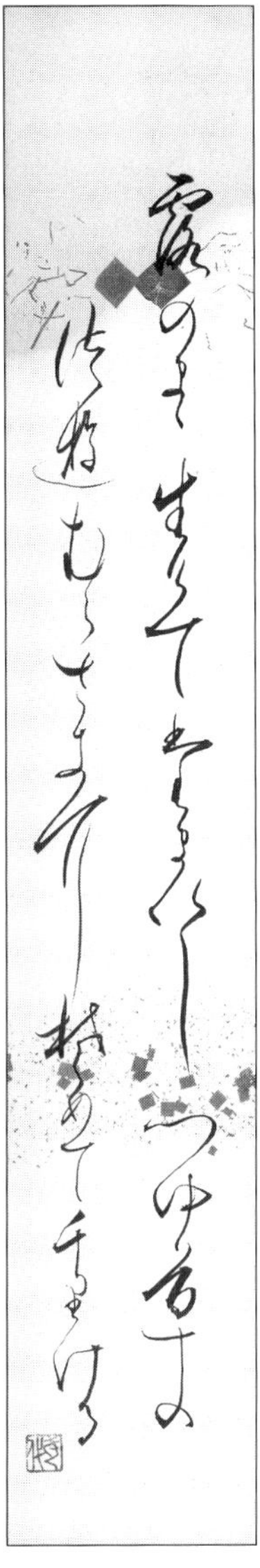

露のまま生けてたまいし露草の露むらさきに染めて散りけり

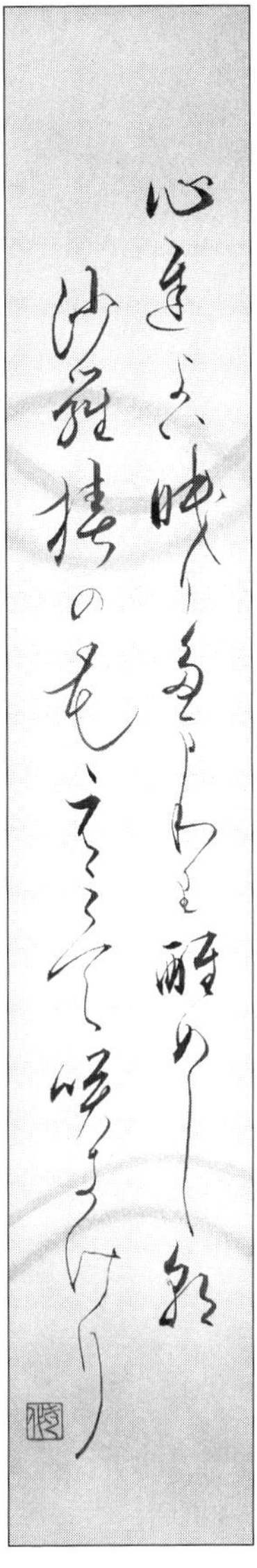

心地よい眠りたまわり醒めし朝沙羅椿の花　笑みて咲きおり

まう。「風邪の分まで」などといいながら。しかしさすがに三十八度五分を超えると食べられない。ふだんよく食べる私が食べなくなったというので、周囲が大騒ぎ。それも二日ばかりで、たちまち食欲をとりもどすことができ、医者も驚くほどの快復力であった。「食欲もさずかり」と改めて思ったことである。

「大切なのは食べ物よりも食欲でしてね。どんなに食べ物を授かっても、食欲が授からなければ何にもならない。臨終の病人の枕元に栄養のある食物を並べて『食べれば元気になるから』とどんなにいわれても、食欲が授からなければ食べることもできないからね」

これはかつて、夏季参禅会の講師として、無量寺へお越しになったときの内山興正老師のお言葉である。食欲などあるのが当り前と思い、食べ物は前に出さえすれば食べられるものと思っていた健康優良児の私は、ハッと胸をつかれる思いで、この老師の言葉を心の奥深くに刻みつけたことであった。

三　み跡したいて——仏跡巡拝の旅

釈尊誕生の地　ルンビニーにて

天地のかぎりをおおい今もなお
　無憂華の花咲きかおりつぐ

私が初めてインドを訪ね、仏跡巡拝をしたのは昭和四十六年二月のこと。それから更に三度訪印の機会をいただいた。

ネパール領にあるルンビニーへの道は遠かった。早朝に出発し、到着したのは午後の一時過ぎ。「花咲きにおうルンビニー」という日本でのイメージとはうって変って、荒漠たる景色にしばらく言葉もなく立ちつくす。（その後、世界遺産となり様相は大分変ったが）遥か彼方に低く見えるヒマラヤ山脈を背景に、白い石造りのマヤ堂がポツンと建ち、無憂華樹はなく、菩提樹が大きな木陰をつくってマヤ堂を蔭《おお》い、かたわらには釈尊の産湯となった池が、澄みきった空と雲を映していた。

マヤ堂の石段を登ると四畳ぐらいの小さな石室があり、中に壁龕の像が祀られていた。向かって右に、無憂樹の花に右手をさしのべておられるマヤ夫人、その下に天上天下を指さして立つ太子、その太子を受けとめるような姿勢の大臣と女官二人の姿が浮き彫りにされている。

私は思わず御母マヤ夫人の像に向かって、〝お母さま、ようこそ、お釈迦さまを産んで下さいました〟とお礼の言葉をのべた。つづいて私の口から思いがけなくも〝ようこそ、一週間で死んで下さいました〟という言葉がとび出し、我ながらおどろいた。

釈尊は西暦前五六六年四月八日、スッドーダナ王を父とし、マヤ夫人を母として、ヒマラヤ山麓の釈迦国の王子として御誕生になられた。御両親とも三十五歳前後のこと。マヤ夫人は隣りのコーリヤ国の王女であり、臨月が近づいたので習わしに従い、実家の天指城に帰って出産すべくカピラ城を後にした。途中、釈迦国の遊宴地となっていたルンビニーでお休みになり、無憂華のあまりの美しさに、思わず一枝折ろうとされたとき、急に産気づき、池の水を産湯にしての御誕生であった。何の設備もないところでの出産で、産後の十分の手当ても休養もできないまま、王宮に引き帰したことや、三十歳過ぎての初産であったことなどの悪条件が重なったのであろう。御母マヤ夫人は、太子を産んで一週間後に世を去られた。

今日のように育児のための何の設備もない時代に、生まれたばかりの幼な児にとっては文字通り自分の生命そのものともいえる母を失うという最大悲劇に出会わなければならなかった釈尊の悲しみは、釈尊の生涯に大きな陰影を投げかけないではおれないはず。

「世に母性《はは》あるは　さいわいなり
　父性《ちち》あるも　また　さいわいなり」

の『法句経』の一句から母を失った太子の悲しみが伝わってくる。

太子は、ただちに継母として王宮に迎えられたマヤ夫人の妹のマハープラジャーパティの手により、いつくしみ育てられ、父王は、とかく沈思黙想しがちな太子の心をひきたてようと、寒暑雨の三時の宮殿を造って住まわせたり、十九歳のときには、従妹のヤソーダラーを妃に迎えさせたりした。しかし、いかなる世間的な悦楽にも心いやされることなく、生老病死という無常の風によって色あせるような中途半端な幸せではなくて、いかなる条件の中にあっても変ることのないほんとうの幸せとは何か、との真剣な思いが、すべてを捨てての出家求道という形となり、命がけの御修行の果てに、このすばらしい天地の真実の道理、その中にあっての人のまことのありようを見つけ出されたのである。

樹下石上　襤褸《らんる》まといて坐したもう
　幸を求めし遂《つい》のみ姿

ローマのバチカンには、十字架からおろされたわが子キリストの遺体を抱いて歎く御母マリヤの像が祀られてあった。もし、釈尊の御母マヤ夫人が、マリヤのように生き長らえておられ、少年シッダールタ太子が、母なき悲しみを知らずに育っていたら、無常の生命の疑視ということのないままに育たれたら、あるいは出家されなかったかもしれない。そうすれば仏教は世に行われず、今の私もあり得ないことになる。「御母マヤ夫人の死は、釈尊の出家、そして成道を通して仏法の命としてよみがえり、二五〇〇年の今日まで、限りない多くの人々の光明となっている」ということもできるのではないか。そんな思いが私の心の深みに息づいていて、御母マヤ夫人の像に向かって思わず〝ようこそ死んで下さいました〟と云わしめたのであろう。

シッダールタ太子はすべてを捨て、一介の乞食僧となって修道生活に入られた。ときに二十九歳。故郷の釈迦国からなるべく離れ、しかもすぐれた指導者のいる東方のマガダ国を修行の地と択び、六年にわたり当時インドで行われていたいろいろの修行に、文字通り命をかけて取り組まれた。父王は非常に歎き悲しんだが、太子の意思の強固なことを知る父王は、せめてもの思いを托し、五人の優秀な青年をつかわし、太子を護りつつ共に出家修行させた。後の五比丘である。

出家して六年、三十五歳のとき、いたずらに肉体を苦しめることの無益を覚った太子は苦行を捨てて尼連禅河に沐浴し、スジャーターの捧げる乳粥を食して体力の快復をまち、アッサッタ樹の下で禅定に入られた。五比丘は「太子は苦行に負けて堕落した」と誤解し、太子を棄てて、ベナレスの鹿野苑へ去った。

「目的を達成するまでは、決してこの坐を立たない」の一大決心のもとに坐禅に入られた太子は、心に去来するさまざまなる想念とたたかい、処理し、透徹した智慧の眼により天地宇宙の真理を、その中にあって人はいかにあらしめられているかを覚られた。仏陀《ぶつだ》となられたのである。

仏陀は梵語で、訳して覚者、つまり真理にめざめた人を意味する。十二月八日未明、暁の明星を見ることが一つの機縁となって覚られたと伝えられている。ガヤの町はずれでブッダとなられたので、その後、この町はブッダガヤと呼ばれ、アッサッタ樹は、その木の下で釈尊が菩提を成ぜられたので、菩提樹と呼ばれるようになった。菩提を弔うとか、先祖の菩提のために、などと日本で使われているが、この「菩提」も梵語で、「道」と訳されている。つまりその木の下で釈尊が道を成ぜられたので菩提樹と呼ばれるようになったのである。

汚れなき太古のままの星空を
　いただいて眠るブダガヤの町

インドはたとえば首都のニューデリーであっても、夜は夜らしい闇の中に安ろうている。ましてブッダガヤの夜の闇の深さ、人類の文化に汚されない漆黒の闇の彼方に、宝石のようにきらめく星の何と印象的であったことか。

釈迦牟尼のみ声とぞ聞く菩提樹の
　葉蔭を渡るあかつきの風

釈尊成道の地に大塔が建ち、釈尊成道より八代目といわれる菩提樹の巨木が大空をおおい、その根もとに金剛宝座が祀られている。その幹をかきいだき、その梢をふりあおぎ、そこに釈尊の肌のぬくもりを、じゅんじゅんと説きたもう釈尊の声を聞き、涙したのは私だけではなかったであろう。

初転法輪の地　バーラナシーにて

ここに立ち汝等比丘と語りませしか
　バーラナシーの月澄みわたる

釈尊は、自分の見つけ出した天地悠久の真理を、そしてその中にあっての人の今ここでのあるべきようを、人々に伝えて、人々は理解してくれるであろうか、とためらわれた。その時、天の神が現れて、「たとえば蓮池の蓮が、水面から長くぬきん出ているもの、水面すれすれのもの、水に埋もれているものとさまざまあるように、人々の中にも高邁な教えを理解することができる人もいよう。その人々のために教えを垂れてほしい」と懇願されたと仏伝は伝えている。釈尊のお心のゆらぎを象徴的に語ったものであろう。

釈尊は六年間を共に修行してくれ、自分を捨てて鹿野苑に去った五比丘にまずは教えを説こうと立ちあがられた。彼方より歩を進めて来られる太子の姿を見つけた五比丘は、「堕落した太子を出迎えることは止めよう」と申しあわせたが、しだいに近づかれる釈尊の、寂静として、しかも威厳に充ちたお姿に、思わずわれ先にと走りより、出迎え、釈尊の足を洗い、礼拝をしてしまった。内から輝き出る人格の力に、思わずひれ伏したのである。

鹿野苑の呼称は、この地に鹿が棲息していたからであり、日本の奈良の春日野の鹿や、足利義満の金閣寺の本名の鹿苑寺も、遠くインドの鹿野苑に由来するものであることは、あらためて云うまでもない。

霊鷲山　ラージギリにて

ゆくところ行ずるところ霊山と
説きたもう声谷にこだます

ブッダガヤからガヤの街を通りこし、ガンガ河を渡り、東北東約九十五キロの地点に王舎城がある。釈尊御在世当時のインド最大の強国マガダの首都で、釈尊に帰依し、竹林精舎を寄進したビンビサーラ王（BC五六〇―四八二）の居城跡である。インドにしては珍しく小高い山が起伏しており、王舎城五山と呼ばれているその一つに霊鷲山がある。

登り口の左手に「ビンビサーラの道」という立札が立ち、英語とヒンズー語で「この道はマガダ国王が、釈尊の説法を聞きにゆくためにつくらせた道路である」と書いてある。

霊鷲山は山の形が鷲に似ているからとか、山頂に鷲が住んでいたからこの名があるとかいわれているが、耆闍崛山《ぎじゃくつせん》という別名の示す通り、周囲のいずれの山よりもきびしい岩山である。私が初めてこの地を訪ねたのは二月末であったが、気候としては日本の四月か五月といった風情で、岩間に点在する灌木は枝々に若葉を飾り、岩間からは鶯らしき声もしきりに聞こえてきた。

三十分ほどで頂上に至る。屹立した大きな岩の狭間に、煉瓦に囲まれた五メートル四方の禅室の跡がある。正面とおぼしき処に布切れやサリーが万国旗風にはりめぐらされ、草花が供えられていた。釈尊の立たれた場所である。巡拝団の先頭にいたT尼が思わず駆けより、涙をボロボロ流しながら、恩師、父母等の写真をそこに飾った。一行も同じ思いで周囲の山々にこだまさんばかりの声をはりあげて『法華経』如来寿量品を読誦する。

「如是我聞一時仏住、王舎城耆闍崛山中、与大比丘衆万二千人倶。(是の如我聞く。一時、仏、王舎城、耆闍崛山の中に住したまい、大比丘衆万二千人と倶なりき)」

で始まる『法華経』や『観無量寿経』は、この霊鷲山で説かれたものである。

「而実不滅度、常住此説法……於阿僧祇劫、常在霊鷲山。(而も実には滅度せず、常に此に住して法を説く。……阿僧祇劫に於て常に霊鷲山に在り)」

の「寿量品」の一節を繰り返して心に拝読しつつ、舎利弗よ、迦葉よ、と親しく弟子たちの名を呼んで法を説かれたであろう、その昔の釈尊のお姿をまざまざと思い浮かべる。

正法、像法、末法の三時という見方がある。釈尊滅後五百年を正法と呼び、その後の一千年を像法と呼び、一千五百年以後を末法と呼ぶというのである。(異説あり)。正法五百年の間は教・行・証の三つがそなわっている時代であり、像法は教と行のみ。末法の世になると教えのみあって行も証もない時代とされる。日本では平安末期から鎌倉期にかけて末法時代に入る時といわれ、蒙古襲来などの国難も加わり、人々の心は不安におののいていた。この末法思想を背景として現われたのが鎌倉仏教といえよう。

その中で道元禅師は三時を時間的流れの上に受けとらず、同時代を縦割りにされた。たとえば釈尊御在世当時でも末法的生き方しかできない人間もいる。いわゆる末法の世といわれる二千年、二千五百年後であろうと、真剣に仏法を行ずるところ、そこに正法は現成する。霊鷲山は遠く二千五百年前のインドの話ではなく、私が今ここで本気に仏道を行ずる、そこが霊鷲山となるのだ、という徹底した姿勢をとられた。「常在霊鷲山」の一句はそれであり、「ゆくところ、行ずるところ霊鷲山」と先に詠じた心もそれである。

祇園精舎　シュラバスティにて

釈迦牟尼の歩みたまいし土を踏む
　祇園精舎の土のぬくもり

「祇園精舎の鐘の声、諸行無常の響きあり。沙羅双樹の花の色、盛者必衰の理をあらわす」の『平家物語』の冒頭の一句で日本人に親しまれている祇園精舎は、南方の大国マガダと並ぶ北方の大国コーサラの首都、舎衛城に建立された。釈尊の後半生、北方インドに教えをひろめる根拠地となった。この祇園精舎建立には有名な物語がある。

舎衛城の長者の給孤独（大変情深い人で、身よりのない老人や子供につねに衣食を与えていたのでこの名があるという）が、ある日、商用で南方のマガダ国へゆき、親類の家へ泊まった。たまたまその家で釈尊の御説法を聞き、天地もひっくり返らんばかりに驚き、感激して、その場で深い帰依者となった。長者は何とかしてこのすばらしい仏陀釈尊を、自分の国のコーサラにもお招きし、コーサラの人々にもこの教えを聞かせたいと願い、そのことを釈尊に申し出ると、釈尊は黙然としてこれをお受けになった。とびあがらんばかりに喜んだ長者は、早速にコーサラに帰り、釈尊やその大勢のお弟子さんたちが住まわれるのにふさわしい土地を探した。

閑静で、しかも托鉢されるのに街からあまり離れていないという条件にかなう土地がようやく見つかった。しかしそれはコーサラ国の国王ハシノク王の王子祇陀太子の所有の林園であった。そこで長者はこの土地を譲ってくれるように頼んだが、王子は承知しない。どうしても欲しいならば、その土地に黄金を敷け。黄金を敷いただけの土地を譲るというのである。要するに譲らぬということである。しかし長者は黄金を敷き始めた。全財産を投げ出しても、仏陀のために精舎を建立して仏陀釈尊を迎えたいという、その捨身の布施行にすっかり感激した祇陀太子は、土地を無償で提供し、長者は巨万の富を注いでこの土地に宏大な精舎を建立した。祇陀太子所有の樹林に給孤独長者が建てた精舎という意味で、祇樹給孤独園精舎と呼ばれ、略して祇園精舎と呼ばれ、今、現地の人はサヘートと呼んでいる。

この精舎で釈尊が最初に雨季を過ごされたのは、成道後十四年とされ、成道二十年以後の雨季は、ほとんどこの精舎で送られたようである。御年五十五歳以後となる。

十三町歩三十二エーカーに及ぶという広大な遺跡の中ほどに、阿難尊者がブッダガヤから移し植えたと伝えられるアーナンダ・ボディが、大きな緑蔭をつくっていた。第二寺院跡の前に大きな井戸がふかぶかと水をたたえていた。釈尊がこの井戸で沐浴されたのだという。近くに煉瓦のテラスがあった。ガイドのシンさんが指さしながら、

「お釈迦さんは大変散歩がお好きでした。坐禅をしてときどき散歩される。その散歩もわれわれのようにあちこち歩きまわるのではなく、同じ処を行ったり来たりなさるのです。」

と説明する。ははあ経行《きんひん》だな、と頷く。われわれは何時間もつづけて坐禅をするとき、たとえば五〇分か一時間おきに五分か十分、経行といって歩く坐禅をする。まっすぐに背筋をのばし、一米ほど先に視点を落した姿で、一息呼吸する間に半歩だけ前へ出すという歩き方で、一定の場所を移動する。釈尊が経行《きんひん》されたという場所を、おそるおそる歩いてみた。二千五百年の歳月をこえ、土を通して釈尊のぬくもりにふれる思いであった。

涅槃の地　クシナガラにて

八十路《やそじ》をば歩み歩みて今しばし
　休みたもうか沙羅の花散る

三十五歳で成道された釈尊は、雨季以外は一日も同じ場に止まることなく南へ北へと遊行

せられ、親しくその土地の言葉を使って法を説かれ、一人でも多くの人が真実の生き方に目ざめてくれることを願っての旅を続けられた。かくて八十歳の老齢を迎えられ、「私の体は、たとえば古い車がガタガタになり、あちこちを革紐でしばりつけて、やっと保っているようなものである」と語られ、しばしば背中の痛みをアーナンダに訴えられるようになった。

御生涯の最期の近いのを予期された釈尊は、なつかしい村や町や人々に心で別れを惜しみつつ、故郷のカピラヴァストゥに向かってか、あるいは祇園精舎に向かってか、北に向かっての最後の旅を続けられた。途中ボーガ城外の鍛冶屋のチュンダの供養を受けられ、その食事の中に入っていたキノコのために、激しい下痢をおこされた。かくて沙羅樹林までようやく辿りつかれた釈尊は、アーナンダに命じて双樹の下にお袈裟をたたんで床を敷かせ、病み疲れたお体を横たえられ、夜半、最後の御説法をなされて入滅された。紀元前四八〇年二月十五日、御年八十歳とされている。

クシナガラの涅槃堂は、武蔵野を思わせるような雑木林の中に建っていた。蒲鉾形のまっ白な大理石の涅槃堂の前には、黄ばみつつ数本の沙羅双樹が立っていた。これを鶴林と呼ぶのは、釈尊の入滅を悲しんで双樹が鶴のように白く色を変えて枯死したという伝説による。

堂内には全長七、八メートルもあろうかと思われる仏涅槃像が堂内いっぱいに安置されていた。北を枕に、お顔を西に向けられ、二つの足をきちんと重ねて横臥され、目はぱっちりと開いておられる。今しもその口もとから「私の死んだ後は、自らを依り所とし、法を依り所として生きなさいよ」と、最後の教えが説き出だされるような気がして、あふれる涙をおさえつつ読経したことであった。

みあとしたいはるばる来ぬる緇素《しそ》あまた
　大悲の風にただ涙する

涅槃堂の後にはアショカ王建立による煉瓦の塔塚があり、そのまた後にはアーナンダのまんじゅう塚があった。釈尊の御生涯の後半生を、つねにお側を離れることなくお仕えしたアーナンダ、死して二千五百年の今日までも、なお近侍するかのごとく侍者位に眠る尊者の墓に、しみじみと感謝の合掌を捧げ、はらはらと足もとに散ってきた沙羅の葉の一、二枚を押しいだたき、更に河畔にある茶毘塔に詣で、クシナガラの地に別れを告げた。

今少し今少し高くかかげばや
　君がともせし法のともしび

かしこみて伝えまつらん後の世に
　君がかかげし法のともしび

（平成二十年勅題「火」によせて）

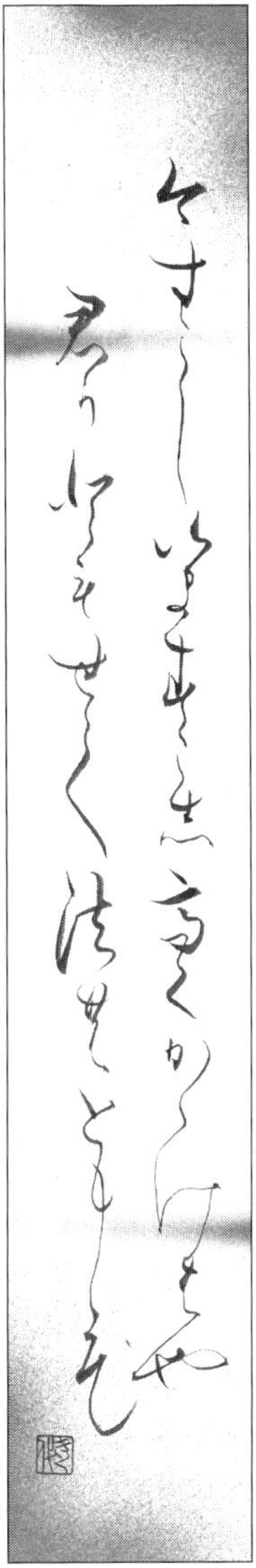

今少し今少し高くかかげばや君がともせし法のともしび

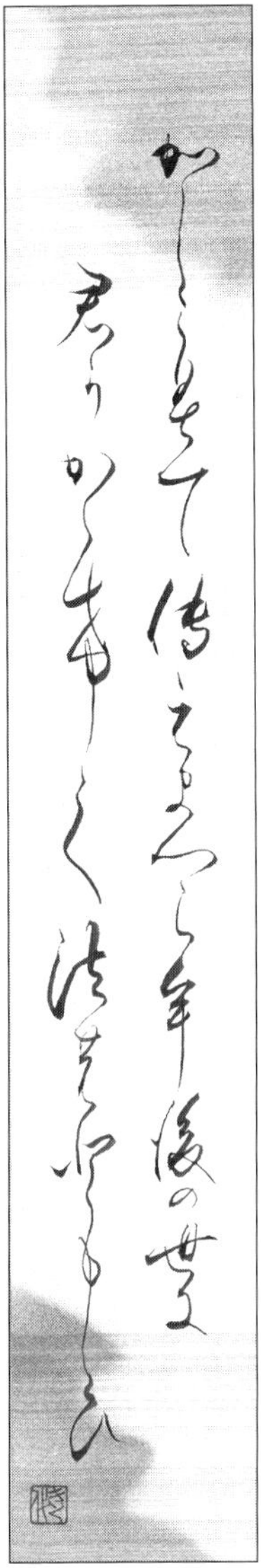

かしこみて伝えまつらん後の世に君がかかげし法のともしび

平成十九年十一月、二度目の仏跡巡拝の折は、ブッダガヤの日本寺と、祇園精舎とクシナガラの三ケ所に、記念樹として無憂華の苗を植えさせていただくことができた。

平成二十三年十一月、三度目の仏跡巡拝のおりは、かねてよりの念願であった西インドに足をのばし、壁画や石窟で有名なアジャンタ・エローラを訪ね、またアラビア海に面し、ヨーロッパに開かれたインドの玄関口として発展したムンバイ（ボンベイ）を訪ねることができた。

ムンバイはインド独立運動に生涯をかけたマハトマ（大聖）ガンジーゆかりの地であり、また不可触民出身のアンベドカル博士ゆかりの地でもある。博士は大変な努力の末、ネール首相の初代法相を勤め、インド憲法の制定に努力した方であり、平等を説く仏教によるほかに、自分たち不可触民の救われる道はないとして、仏教徒となった方である。

アジャンタ・エローラはシルクロードの出発点といわれている。第一窟に描かれた蓮華手菩薩像に、シルクロードの終着点といわれる法隆寺の壁画の菩薩像に通うものを感じ、はるかなる文化の旅に思いをはせたことである。

四　ナマステイと拝み拝む――マザーテレサを訪ねて

カルカッタの下町、ロワー・サーキュラーの喧騒な大通りに面して、マザー・オブ・チャリティの質素な三階建の本部が建っている。昭和五十七年十月二十九日、四時四十五分よりの朝のお勤めとミサに会い、八時、トラックに食糧や衣類の包みを積みこみ、荷物のわずかな隙間に体をもぐりこませるようにして出発、ニルマル・セルダイ（汚れなき聖心の家――いわゆる死を待つ人の家）へ。それはカリーという名のヒンズーの女神を祀る寺、カリーガートと小路を一つへだてた向い側に、あまり見ばえのしない姿で建っていた。

扉を押して入ったところが男子病棟。右手に受付や事務をとるらしき場所があり、つづいて炊事場があり、その奥に女子病棟がある。外の騒音とは対照的なほどしずかな部屋の中。にぶい光線が高窓から入ってくる。やせさらばえて骨の上に皮がはりついているような人々がベッドの上に横たわり、おちくぼんだうつろな目が天井の一角をみつめ、異国の異教徒の新参者の私の方に投げかけられる。依然として無表情である。幸うすき人生の長い長い旅の果てに、飢え、病み、行き倒れになり、さいわいに見つけ出されてここに収容され、生まれてはじめて人間らしく看病され、食物が与えられ、再び立ち上ることはできない、死を待つのみの命ながら、しずかなやすらぎとあきらめのなかに身をまかせている。そんな雰囲気が部屋全体を包んでいる。

ひとりのシスターに手まねきで教えられつつ、患者をそっとベッドからおろし、部屋の隅の体を洗う場所へ運び、手早くベッドを消毒水で拭き、シーツや枕おおいをとりかえる。体を洗い着替えをさせた患者を、もとのベッドに寝かす。十月末というのにカルカッタは三十度を超え、馴れない重労働であることも加わって、汗が滝のように流れる。拭きたいと思うその手は、なんの病気ともしれぬ患者の床ずれの膿《うみ》を洗い、肌をさすり、大小便を片付けた手であることを思うと、さすがに拭く気にもなれず、止むなく作務衣の袖でぬぐう。七、八十人も収容されているであろう患者の全部を、洗い、着替えさせ、ベッドの整理を終えるともう昼である。アルミの皿にカレーのおじやみたいな食事がもられ、魚が一切れそえられている。それに水かミルクをそえて患者の枕もとに運ぶ。自分で食べられる者は自分で、食べられない者にはシスターたちが食べさせる。

食事の片付けをすませ、初めて腰をのばし、フウッと深い息をする。急に空腹を感じる。夢中で半日を過ごしてしまったが、考えてみれば朝の三時半からなにも口にしていない。どこかで食事をとらねばと思っていると、なんとなく入り口の方がさわがしい。出てみると街頭の物乞いたちへの施食が始まっていた。大きな慈善鍋のようなものに、やはりカレーのおじやみたいなものが沢山つくられ、牛乳のバケツがいくつも用意され、ブラザーたちが施与に当っている。いつ暴徒に変わるかわからないこの飢えた物乞いたちは、とてもじゃがないがシスターたちの手におえない。

日時を決めて外の物乞いたちにも施食が行なわれるらしく、伝え聞いた物乞いたちが地から湧いたように際限もなく集まってきて、広場や道路を埋めつくしている。手に手に欠けたボールや皿を持ち、器もない者は木の葉をまるめてそれに食物を受け、木陰に、道路わきにうずくまり、指でまるめて器用に食べている。

今日はドゥルガ・プージャ（ヒンズーの祭り）なので、食物ばかりではなく着る物の施しもあるため、特に沢山の物乞いが集まっているとのこと。施食が終わると、一人が通れるほどに細く開かれた入り口の扉から、物乞いたちが一人一人数えられつつ家の中へ送りこまれ、一列に並ばされ、衣類を包んだ小さな包みが一つずつ渡された。用意された衣類の数だけの物乞いが、到着順に中へ入ることができ、プレゼントにありつくことができたのであろう。うれしそうに小さな包みを抱いて出てゆく老人やお母さん物乞いたちの後について、私ももう一度外へ出てみた。おどろいたことに外は修羅場のような有様を呈していた。施しにあぶれた物乞いたちの群集が外に押しよせ、手をふりかざし、俺たちにもよこせと怒り叫んでいる。あまりのおそろしさに胆をつぶし、あわてて扉の中へ逃げこんだ私は、すっかり憂鬱になり、考えこんでしまった。いかに力を尽くしても物には限りがある。施しにありつけた者はよろこび、あぶれた者は怒り悲しむ。善きことをしつつも造るこの罪。物を施すことの功罪の二面を、目のあたりにしてなんとも割りきれない思いにさいなまれる。

午後一時過ぎ、いったんホテルへ帰り昼食をとり、再び「死を待つ人の家」へ。

部屋の隅でイタチのような顔をした老婆がやせた手をあげて私を呼ぶ。体に油を塗ってくれという。クリーム状の油をもらってきて、背に、腕に、お尻に、足に、全身に塗る。黴菌《ばいきん》や乾燥から肌を守るために油を塗るのがインドの習慣のよし。しかし今日食べるパンもない彼らには一生無縁のものであったろうが、今ここに収容され、ただで食べさせてもらい、治療してもらい、油まで塗ってもらって、彼ら彼女らにとっては生涯のうちの最高にぜいたくな時であろう。やせた老婆の体をさすりつつ、ふと私は光明皇后を思った。風呂場でハンセン氏病の患者の背を洗い、膿を吸った飛鳥《あすか》の都の后を思った。

傷を洗い背をばさすりつついにし世に
膿吸いましし后《きさき》を思う

地平線上に近づいた太陽が、横ざまに光の束を足もとに投げかけてくるのに一日の終わりの近づくのを知る。夢中で終わった一日ながら、長い長い一日であったようにも思われ、さすがに疲れをおぼえ、早くホテルに帰って休みたい、外の空気が吸いたい、そんな思いにかられ、そっと患者たちにおやすみを告げ、外に出る。

施しにあぶれて修羅場を展開した物乞いたちの騒動は一応おさまっていたが、まだ名残がうろついているのか、それともいつもこれくらいの物乞いが街角をさまよっているのか、腕をのばして大きく息を吸おうと立ち止まった私を、アッという間にとり囲んだのは、「バクシーシ！」という叫びと共に、足もとから、体の左右からさしのべられる、黒く汚れた骨と皮ばかりの手であった。

何かあげるものはないか。思わずポケットをさぐり、頭陀袋《ずだぶくろ》をさぐってみたが、一切を通訳のKさんにまかせてのこのたびの旅、一パイサはおろか、飴玉一つも入っていない。今日食べるものもないこの飢えた人々に、はだかのはだしのこの子たちに、何かやりたい（施しはじめたら際限もないのだが）と思いつつ、何もしてあげることのできない自分の無力をせめ、「ごめんなさい！　何もさしあげるものがないの！　許してちょうだい！」そんな思いをこめて、私は思わず「ナマステエ」とその物乞いたちを拝んだ（ナマステエという言葉は〝あなたを拝む〟という意味をもっており、インドではすべての挨拶がこのひと言で通ずる）。するとおどろいたことに、「バクシーシ、バクシーシ」（お恵みを、御喜捨を）とさし出されたその手がサッと合掌の手に変わり、「ナマステエ」と答えてくれるではないか。

どの物乞いも、どの物乞いも、そのやせこけた頬、おちくぼんだ目に笑みをさえたたえて。

バクシーシ！　と叫ぶ群集にナマステエと
　なすすべしらずただ手を合わす
バクシーシ！　とのべしその手がナマステエと
　合掌の手に変りつるはや

生涯物乞いというなりわいによって生きねばならない悲しい定めのこの人々。ときにわずかの施しものにありつけても、おおかたは厭《いと》われ、しいたげられ、ふりはらわれ、恐れられての生涯のなかで、向うからナマステエと声をかけられ、拝まれるということは、あるいはなかったのかもしれない。バクシーシと手をさし出したとたんに、なにもその手にはのせられなかったけれど、かわりにナマステエという挨拶の言葉と合掌がとびこんできた。思わずさしのべた手をひっこめて、ナマステエと合掌して答えてしまった。いつの間にか顔がほころんでいた、というのが事実なのかもしれない。

この心おどる光景に接し、私はふと「挨拶」という言葉の本来の意味を思い出した。「挨拶」という言葉は本来禅の言葉で、「挨」は積極的に迫ってゆくことを意味し、「拶」は切りこんでゆくことを意味する。したがって修行者が指導者に問題をもちかけて答えを求めるときや、指導者が修行者と問答してその力量を測るときにも用いられる言葉である。

物を乞う地獄絵さながらの物乞いたちに、ナマステエと合掌して声をかけることは一応の勇気がいった。しかしそのことが、和顔施（ほほえみを施す）という、愛語施（愛の言葉を施す）という法施を、期せずして行なうことになったのかもしれない。それが貧しい人々の心の中に眠っていた合掌の心をゆさぶりおこし、ナマステエの叫びを、笑顔をめざめさせ、呼応するごとくに返さしめたのかもしれない。

マザー・テレサの修道会のシスターたちは、たくさんのサンデー・スクールを受け持っているとのことで、そのひとつを見学させてもらうことになった。授業の邪魔をしてはならないと、そっと廊下を歩いただけなのだが、窓越しに黄色い法衣と不老帽をかぶった、男とも女とも判じがたい私の姿に、子供たちはいっせいに身をのり出さんばかりにして見つめ、一生懸命お話をしているシスターの言葉など全く耳に入らないといった様子。困ったな、見学を止めて帰ろうかと思っていると、案内のシスターが、教室の中へ入ってなにか話してやってくれという。とっさのことに、思いつくままのおしゃべりを二、三分ずつしてまわり、小学校四、五年生くらいの年齢かと思われる教室へ来たとき、しゃべることがなくなり自己紹介の延長で控え目に仏教の紹介をした。

「私は日本の仏教の尼僧です。仏教というのは、今から二千五百年前に、あなた方の国インドからお出ましになられたブッダ・シャカムニの教えです」

と、そこまでの言葉が通訳の口から伝えられたとたんに、子供たちの目が一様にサッと輝き、口々に〝カピラヴァストゥ〟〝シッダルタ〟という叫び声があがった。両手をかざし、おどりあがらんばかりにして。呆気にとられ、しばらくぼんやりしていた私は、そのさもうれしげな声と表情に惹かれて思わず、

「そう、そのカピラ城で生まれたシッダルタ太子が、やがて道を求めて出家し、修行され、ブッダガヤ（仏陀伽耶）で人間の真実の生き方というものを見つけ出され、お説きくださったものが仏教ですね」

といってしまってから、カトリックのサンデー・スクールで仏教の宣伝をしてしまったような、なにか悪いことをしてしまったような気がして、あわてて補足をした。

「真理は一つ。それをイエス・キリストはゴッド（神）と呼び、ブッダ・シャカムニはダルマ（法）と呼んだのだと思います。いろいろの花が美しく咲いてこの地上を飾るように、いろいろの宗教が仲良く手をとりあって人類の幸せのために働きたいと思い、日本からマザー・テレサさんのお仕事の勉強にやってきました」

子供たちには少しむずかしかったのではなかろうかと思ったけれど、通訳の方の紹介がよかったのであろう。シスターも子供たちもよくわかったような顔をしてうなずき、声高らかに歓迎の歌をうたってくれた。

喜々として〝カピラヴァストゥ〟ときそい叫ぶ
　ブッダを生みし国の子らなり

マザー・テレサの本部の礼拝堂は、石の床の上に質素な机が一つ置かれただけで、その正面の壁に、素朴な小さな十字架とマリヤ像と聖櫃が祀られてある。シスターの坐る椅子も机もなにもない。ふと私はアッシジの聖者の礼拝堂を思った。

マザー・テレサはロレッタの修道院を出たということであった。貧しい人々のために食物や薬を乞い歩き、スラムへゆき、病人を治療し食物を与え、道路に棒や石で文字を書いて子らを教え、貧しい人にポケットにわずかに残した電車賃までも施し、遠い路を歩いて帰るテレサの姿に、アッシジの聖フランチェスコを思い、またシスターたちをいつくしむ姿にクララを思った。

後にテレサが「神の愛の宣教者会」の会憲をつくるとき、聖フランチェスコが完全な清貧をめざして住む家を持とうとしなかったことにならおうとしたということを聞き、さもありなんとうなずかせていただいたことである。

底知れぬ、救いようのないこの貧困にあえぐ人々の救済に素手で立ち向かいながら、途方にくれ、最後はともに泣きつつ祈るよりほかに道なく、ただ祈る。そんなひたすらな姿のマザー・テレサと、それを助けるシスターたちの心を象徴するかのような涙するマリヤ像に、思わず私も涙しつつひたすらに祈る。マザー・テレサを、シスターたちを、貧しき人々を守り給えと。

Ⅱ　くれないに命もえんと

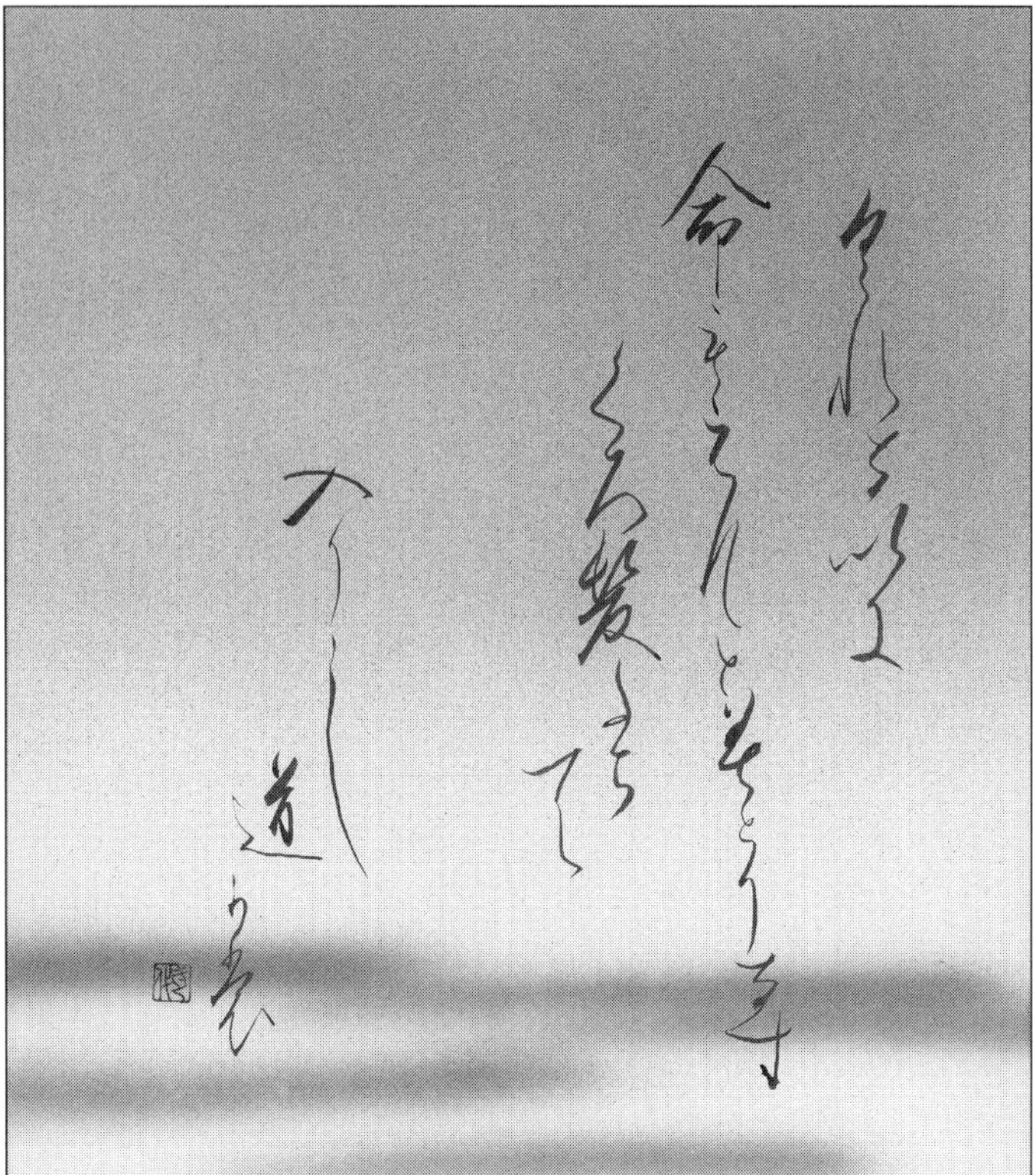

くれないに命もえんと縁なす黒髪断ちて入りし道かも

一　択び抜いていく人生

名古屋でタクシーを拾った。運転手が私の顔を穴のあくほどのぞきこんで、

「坊主、やってんですか⁉」

と叫んだ。悪いことをしているのをとがめだてするような口調で。私も思わず強い語調で答えた。

「坊主は職業じゃない！　生きてゆく手だてではない。誰しもがたった一度の命を最高に生きたい。その最高の生き方、最後の落ちつき場所を求め求めて、ゆきついた所がこの姿になっただけのことであって、坊主は職業ではない！」

私は愛知県の一宮に生まれた。二、三代さかのぼったり、親戚を少し見まわしただけで沢山の坊さんを出しているという、仏縁の厚い家に生まれさせていただいた。もちろん寺ではない。御嶽山の大先達で、近くに勧請してお宮まで建立した祖父の予言に導かれ、五歳の春、塩尻・無量寺の住職を勤める叔母のもとへ入門した。

中学三年の卒業式の前夜、出家得度し、卒業式の朝、出家姿で塩尻を後にした。塩尻の駅のホームに、中学の先輩方や同級生が見送りに来ていてくれたことも、忘れられない人生の

ひとことまとなっている。そのときの思いを後に歌に託したのが、

くれないに命もえんと緑なす
　黒髪断ちて入りし道かも　（昭和五十八年、勅題「緑」によせて）

である。

幾つもある命なら、やりなおしのできる命なら、あれもこれもやってみればよい。やりなおしのできない、たった一度の命なら、最高のものに命をかけたい。その最高の生き方を説いてくれる教えに命をかけたい。その思いのゆきつくところ、この姿になったというだけのことである。

年をとることで、あるいは病気をしたり失敗することで色あせてしまうように中途半端な幸せではない。どんな条件の中にあっても色あせることのない、失うことのない幸せな生き方がしたい。考えてみたら大欲張りであったから、この道に入ったのだと思う。

「世間、福を求むるの人
　吾に過ぎたるはなし」

これは「お釈迦さまも幸せを求めておいでですか?」というアヌルダの質問に答えた釈尊の言葉である。「世の中の人はみな幸せになりたくている。しかし私ほど真剣に幸せを求め

たものはいないであろう」というお返事なのである。やがて約束されている王位も、妃も愛児も、すべてを捨てはて、一介の乞食《こつじき》僧となっての求道、それはいかなる条件の中にあっても色あせることのないほんとうの幸せを求めての旅立ちであったのである。

釈尊は世界一の大欲張りであったと思う。ただし欲の方向が違うだけのことであるが。

春秋のよそおい捨てし裸木の
　ただ粛然と天に向かえる　（昭和六十二年、勅題「木」によせて）

入試を控えた一人の青年が坐禅に来た。帰りぎわに、「先生、合格するように拝んで下さい」と云い、横から母親が「この子、東大をめざしています」と、言葉をそえた。私は、「ああ、二、三回落ちたほうがいいよ。エリート・コースをストレートに走るばかりが能ではない。エリート・コースをストレートにゆく人生などは、一つまちがうと高慢な人間になる、一つまちがうと失敗に弱い人間になる。身心の柔軟なうちに、上手に落ちる稽古、失敗する稽古をしなさい。落ちること、失敗することがはずかしいんじゃない。落ちたこと、失敗したことにこだわって立ちあがれないのがはずかしい。昔から『失敗が人間を駄目にするのではなく、失敗にこだわる心が人間を駄目にする』といわれているように。

むしろ落ちたこと、失敗したことを跳躍台として、ストレートにゆく人よりもより強く、より高く立ちあがれたらよい。落ちたこと、失敗したことを通して、落ちた人、失敗した人の悲しみのわかる人間になれればもっとすばらしい。更には、うまくいっても驕らない、うまくゆかなくても落ちこまない、成功、失敗、幸、不幸にがたがたしない人間になれればもっとすばらしい」と。

この青年、幸か不幸か、二つも三つも合格してしまった。どの大学を択ぼうかと、また相談に来た。私は云った。

「いわゆる有名校を択ぶんじゃないよ。大学ともなれば、自分の人生を何にかけるかをまず択びなされ。名誉とか金もうけなどというつまらないものに命をかけてはもったいないよ。たった一度の命をかけるに足る最高のものを、択び抜き、次には、それについて誰に学ぶか、師を択びなさい。その師のおられる大学へゆきなさい」と。

「択べ、択べ、択べ、択べ」

これは中国・南北朝に出た南岳慧思禅師の言葉である。何を択び分けるか。何が真《まこと》で何が偽りか、何が善で何が悪か、なすべきことは何か、なしてならぬことは何か、大きくはたった一度の命を何にかけるか、小さくは今一言をどう語るか、徹底的に択びに択んでゆけ、というのである。択ぶ目の深さ、高さでその人の人生は決まる。よき師、よき教えに参ずることで、限りなく択ぶ目を育ててゆかねばならない。

ある人が一遍上人に、信心のぎりぎりのところを一言で教えてくれと云ったら、「捨てて

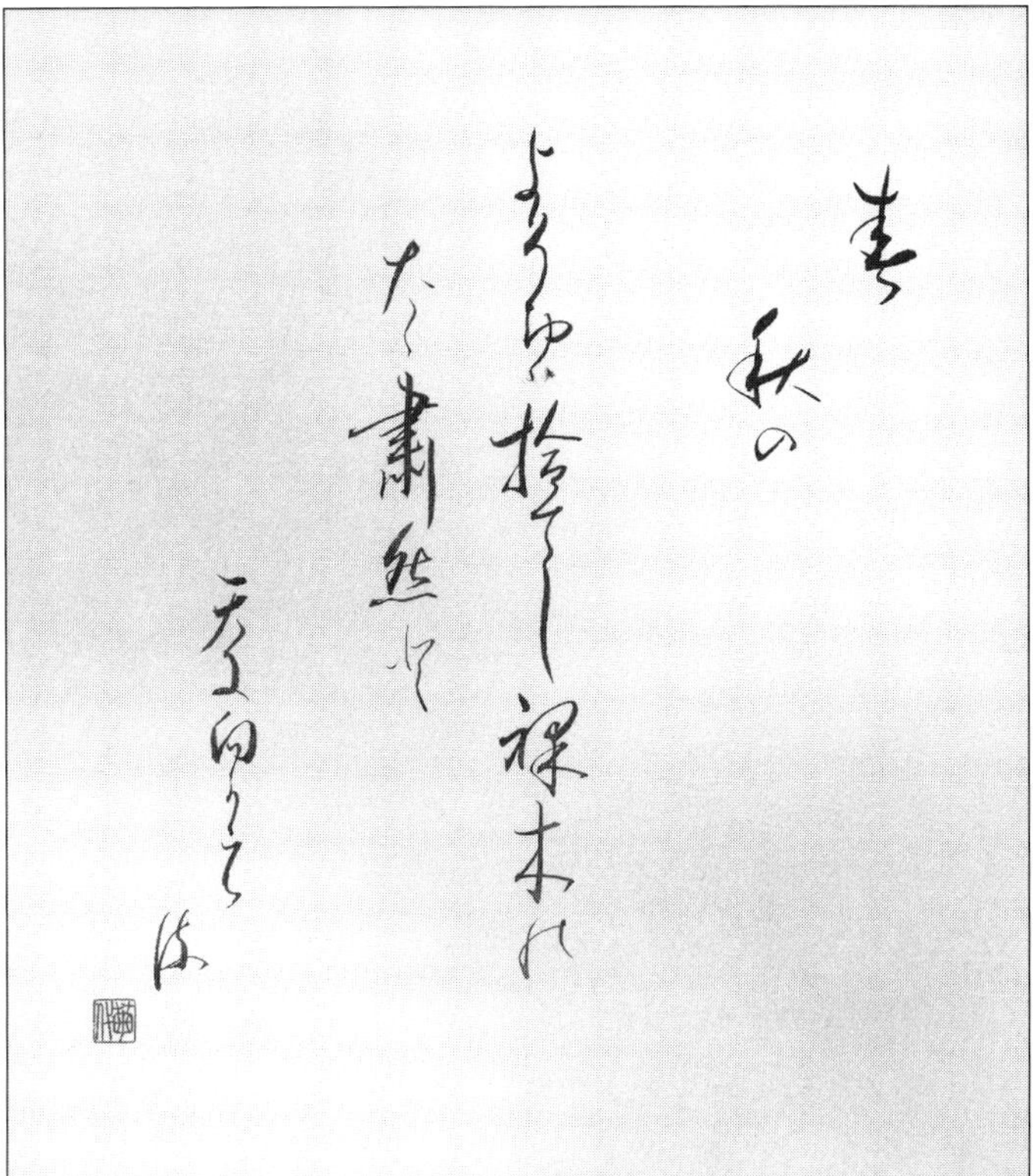

春秋のよそおい捨てし裸木のただ粛然と天に向かえる

こそ」と答えられたという。沢木興道老師は「凡夫の持ちものを手ばなしたのが仏である」と語られた。

「捨てる」ということは「択ぶ」ということである。二つのうち一つを択ぼうと思ったら一つは捨てねばならない。沢山ある中よりたった一つを択ぼうと思ったら、あとの全部を捨てねばならない。捨てて捨ててゆく人生というのは、云いかえれば択んで択んで択び抜いてゆく人生といえよう。同じことながらひびきが違う。私はやはり大欲張りなのであろう。「択ぶ」の一言のほうが好きである。択び抜いてゆきついた姿が、春秋のよそおいを捨て、一切を捨てて仏に（天に）向う出家の姿となったわけである。「出家」を「大いなる放棄」と訳した人の心を思うことである。

二　渡さるるのみの吾にて

私は十五歳の四月（昭和二十三年）、尼僧堂へ入堂した。終戦わずか二年余。あちこちにB29の爆撃による焼跡が残っていた。

その頃の尼僧堂の授業の一つに短歌があり、その指導にあたっていた方が、中村みち先生という老齢の婦人であった。この方は、当時宮中お歌所の撰者である長谷部親弘先生の高弟であり、当時尼僧堂の監事をしておられたK先生も同じく長谷部先生の門弟であったことから、尼僧堂の雲水たちは毎年お勅題を詠進していた。

十一年余にわたる東京での大学生活に区切りをつけ、昭和三十九年より尼僧堂の講師として就任。勅題のことなど久しく忘れていたある年、たまたま雲水たちがお勅題を詠進すべく手習いをしている横を通りかかった。「橋」と書かれている。ああ来年（昭和五十七年）のお勅題は「橋」であったか。身辺のことにかまけてお勅題のことなど忘れていた私の頭に、ふと即興の一首がうかんだ。

驢をわたし馬をわたす橋にならばやと
ねがえどもわたさるるのみのわれにて

唐時代の禅僧の語録をひもといていたある日、「驢を渡し馬を渡す」の一句が私の目の中にとびこんできたとき私はあやうく声をあげそうになった。中国・唐時代の禅の巨匠に趙《じょう》州《しゅう》という方がおられ、観音院というお寺に住んでおられた。そのお寺へゆくにはどうしても橋を渡らねばならない。ある僧が「趙州の橋いかん?」と問うた。これは橋そのものを問うているのではなく、「趙州さま、貴僧の仏法をお示し下さい。」とお願いしているのである。この問いに対しての趙州の答えがこの一句だったのである。

驢馬を渡せば馬も渡す、好きな人も嫌いな人も、敵も味方もみんな渡す、仏さまも渡せば泥棒や殺人犯でもだまって渡す。何でも、それも無条件で渡すというのである。なかには「こんな悪い橋、渡りにくくてしょうがない」と小言をいい、足蹴にしながら渡る人もいよう。小便をひっかけてゆく人もいるかもしれない。三人や五人に一人ぐらいは「ありがとう、お蔭様で」と礼をいって渡ってくれる人もいよう。どのような渡り方をしようと、橋はだまって只渡すの一行に徹している。とにかく此方の岸から彼の岸に渡ってくれることのみを念じ、私の思いを微塵もそこにさしはさまない趙州の大菩薩行の姿が、橋に象徴されてみごと

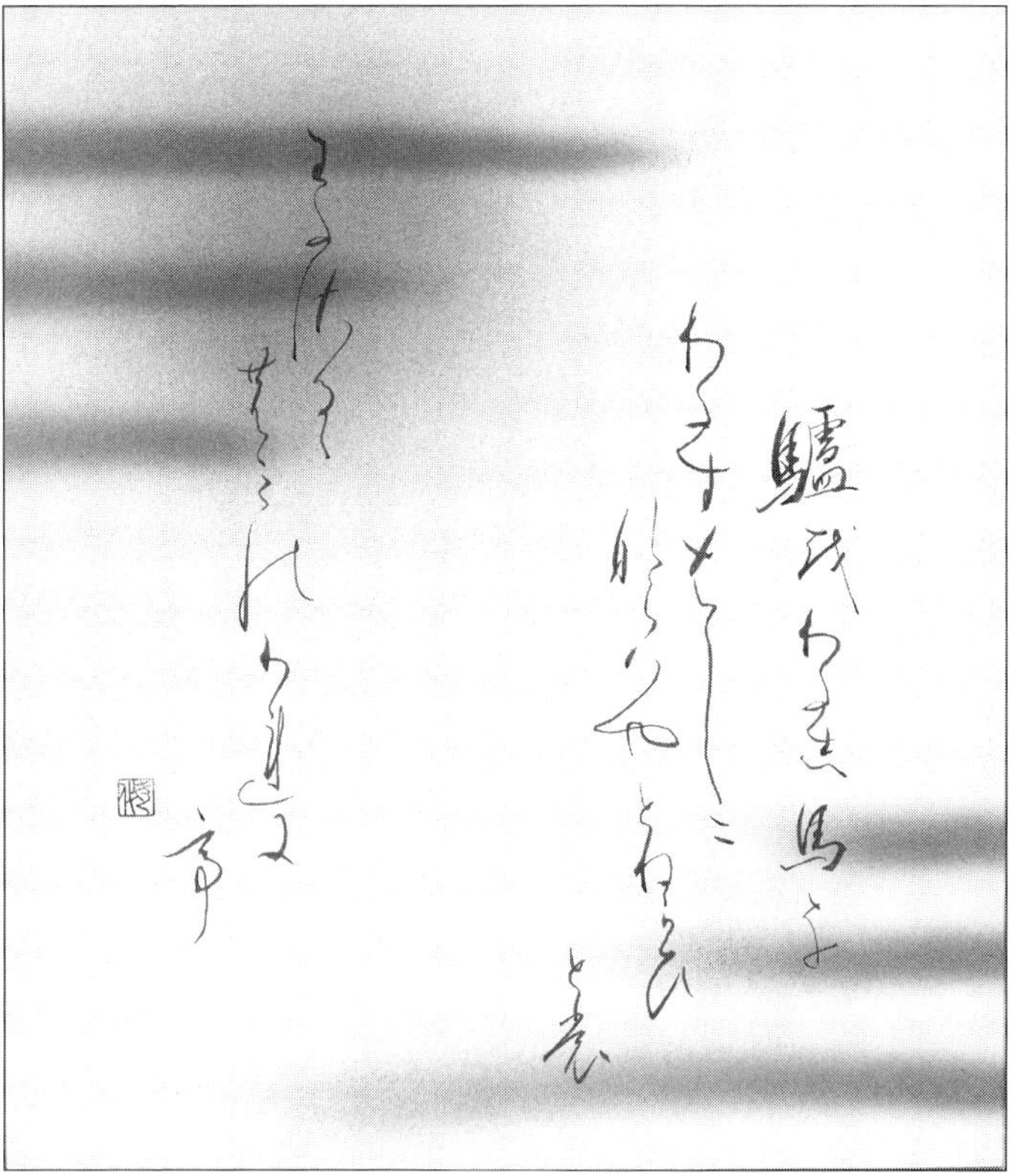

驢をわたし馬をわたす橋にならばやとねがえどもわたさるるのみのわれにて

に描き出されている。

私はどうか。馬は渡すが驢馬は嫌じゃ、私の気に入った人は渡すが嫌いなのは渡したくないと、小さな気まぐれな私の都合にあわせて取捨選択している私。しかも「あなたの橋はとてもすてき」とほめてもらいたい、「ありがとう」とお礼をいって渡ってほしいと、渡り方にまで条件をつけないではおれない私がそこにいる。小便をかけたり悪口をいって渡ろうとする人には不機嫌になり、できれば渡したくないと愚図りたい私がそこにいる。

できないながらもそうありたいと念じていたある日、ふと「橋だけでは駄目だ、渡し守にならねば」という思いが橋にさえもなれぬわが身の中からわきあがってきた。少くとも橋を渡ろうとする人は、此方の岸より彼の岸の方がすばらしいことを知り、そこへゆくには仏法という橋のあることを、無意識にでも知っている人なのである。人々の中には彼の岸のあることさえ知らずに此方の岸の底辺にうごめいている人もあろう。彼の岸のあることは知っていても此方の岸のほうがよいといって渡ろうとしない人もいよう。そういう人に彼の岸のあることを伝え、彼の岸のすばらしさに気づかせ、彼の岸へゆこうという気をおこさせるためには、ただ橋になっているだけでは駄目で、出かけてゆかなければならない。それが渡し守の姿なのである。

もっというならば、さらに此方の岸にあがり、パンを欲している者にはパンを、お金や名誉を欲しい者にはお金や名誉を与えつつ、ついにはパンより名誉や金よりすばらしい幸せな世界にまで誘引する老婆心がなければならないのである。此方の岸にあがるといっても光明燦然とした如来の姿や高潔な僧形のままで出かけていったら、人によっては怖れをなして逃げてしまう。法衣をかなぐり捨て、相手と同じ姿になり、その身を塵埃にまみれさせ、その手を糞尿に汚し、ともに泣きともに笑いながら、いつとはなしに真実の世界にひきあげてゆく、その願行の姿を象徴したのが、三十三身や百体に変化した観音さまであり、千手千眼あるいは十一面観音菩薩のお姿であろう。人間ばかりじゃない。異類中行といって動物の中へも自ら願って入ってゆく大慈悲を表現したものが馬頭観音なのである。

『観音経』の中には「十方諸国土　無刹不現身」という言葉がある。「十方の諸々の国土に刹として現ぜずということなし」というのである。いつでもどこにでもすべての上に観音様のお働きが現れているというのである。つまり此方の心の眼や耳さえ開けば、私を悲しませている嫌な人と思っていた人が、実は私の身勝手な思いに気づかせようとしていてくれた観音様であり、病気や失敗やいとしい人との別れが、甘えを捨てて人生の真実に気づかせんとする仏の御はからいであり、べた一面に仏の御はからいの只中であったということになるのである。

そこまで思い到ったとき「橋」というお勅題に接し、橋になって渡そうなどとは思いあがりもはなはだしい、渡されっぱなしに渡されている自分であったと気づかせて頂くことができたのである。

雲水を師と拝んで

尼僧堂の雲水と生活を共にすること、すでに五十余年。堂長の名をいただいて四十余年。修行は二十四時間態勢での生きざまそのもの。片時も道場を離れてはならない私が、自坊（無量寺）の参禅会や茶道の教授に、全国の禅会や講演にと走りまわり、堂長としては落第でしかない私。つねに心にすまないと詫びつつ、一刻を争って尼僧堂へ帰り、翌日よりの提唱の準備のために深夜まで祖録をひもとく。お蔭で今まで見えなかったものが見え、一歩深めさせていただくことができる。翌早暁、どんなに疲れていようと、また老齢で足が痛かろうと、堂長という名にひっぱられ、雲水に支えられ、早暁四時からの坐禅、あるいは一日十五炷《ちゅう》の坐禅を勤めて半世紀を過ぎた。わがままの通る自坊にいたら怠けていたであろう私。

雲水に支えられ、あと押しされての五十年。文字通り渡すどころか渡されっぱなし、育てられっぱなしの私であったなと、朝夕に雲水を拝む。東井義雄先生が「子供こそ大人の親ぞ」とおっしゃり、〝親はわが子を親と拝んで自らの生きざまを正せ〟と語られた言葉をつねに心に反復しつつ、雲水を、生徒をわが師と拝み、一歩一歩心して歩まねばと自戒する日々である。

三　道窮りなし

終りなき旅にしあれば今ここの
　一息の歩み　いとしみゆかん

「終りなき旅」というのは、終着駅なし、卒業なしの無限の求道の旅、修行の旅というほどの意味である。永遠の仏の御命と同じ命をいただいての歩み、という思いも含んではいるが。

永遠とか、無限というととかく姿勢が前のめりになってしまう。どうにもならない過去ばかりを振り返り、背負いこんでも仕方がないし、今ここがおもしろくない、大変だからといって、キョロキョロと助けを求めたり、あるいは背比べしてもいけないが、アスナロ物語みたいに未来に前のめりになってもいけない。永遠という、無限という息の長さとともに、その裏打ちとなる姿勢は、今ここの一歩を大切に生きるというのでなければならない。「今ここの一息の歩み」を疑視し、大切に生きてこそ、かがやかしい明日がやってくるのである。

過去がどんなにすばらしくても、今が駄目なら駄目なのであり、過去がどんなにつまらなくても、今がよければよいのである。どんな過去であろうと、それを生かすも殺すも、一つに今ここの生きざまにかかっているのであり、今ここの生きざま一つで開かれた明日が閉ざされもすれば、閉ざされた道が大きく開かれもするのである。言葉をかえて云うなれば、終着駅、目的地は今ここの一歩なのである。「かたつむり　どこで死んでも　わが家かな」という句のあったことを記憶しているが、終着駅なし、卒業なしという無限の息の長さの裏打ちは、今ここの一歩一歩を終着駅として歩むということなのである。

次に心しておきたいことは、「今ここの一息の歩み　いとしみゆかん」の、この「いとしむ」ということである。ほんとうに自分をいとしむ、かわいがるということはどういうことか。気まぐれな凡夫の私の思いを満足させることではないことは、云うまでもない。私の思いはいかがあろうと、今ここの一歩を道にしたがい、教えにしたがって生きることが、ほんとうに自分をいとおしむ生き方であることを忘れてはならない。

ここでまた心せねばならないことは、この法のいただき方、道のいただき方である。「これこそ間違いのない教え」「これこそ正しい法」と間違って思いこんでいたら一大事だからである。東京へ行く電車と思いこんで京都行きに乗っているようなもので、とり返しのつかないことになってしまう。法のいただき方、教えのいただき方というのは、「私の考えは間違っていなかった」「私の理解の仕方は正しかった」といただくのではなくして、「私の考えは間違っていたな、浅かったな、ほんの一部にすぎなかったな」というようないただき方を

終りなき旅にしあれば今ここの一息の歩みいとしみゆかん

すべきものではないかと思う。

〝間違っていた〟と気づく

「間違っていなかった」「正しかった」といういただき方をしたとき、そこがすでに終着駅であり、そこで進歩は止まり、そこから生まれてくるものは傲慢な自信しかない。「間違っていたな」「足りなかったな」「浅かったな」といういただき方からは、さらに求める心が起き、無限に深まり、高まり、眼が澄んでくるほどに、一層どうしようもない自分が見え、法とは遥かに遠い自分が見え、見えるほどに求道の心が強まり……。終着駅なし、卒業なしの無限の求道の姿勢は、こういうものの考え方、受けとめ方が根底にあって、始めて生まれてくるものであろう。「よく生きるとは、今はよくないと気がつくことだ」とさとされた古人の言葉が思いあわされる。

この辺の消息を道元禅師は、

「身心に法いまだ参飽せざるには、法すでにたれりとおぼゆ。法もし身心に充足すれば、ひとかたはたらずとおぼゆるなり」（『正法眼蔵・現成公案』）

とおっしゃり、また「道無窮」とお示しになられたのであろう。「身心に真実の教えが十分に会得できていない、つまりわかっていないうちは、本人の自覚としてはもう十分わかったつもりになっていて、求めようという心が起きて来ない。反対に、求めつくして真実の教えが身心に十分に満ち満ちているとき、かえって本人の自覚としては、まだ足りないという思いのみがあって、謙虚に一層求めようという思いが起きるものである」というほどの意味になろうか。ここのところを余語老師は「無限に食欲がおきるというような求道のあり方でなければならない」とおっしゃっておられる。良寛さまの歌に、

いかにしてまことの道にかなわなん
千年《ちとせ》のなかの一日なりとも

というのがある。良寛さまの自分を凝視する目がいかに澄み、良寛さまを照らしたもう仏の光が、いかにあきらかであるかを示しているような気がする。捨て果てて生きた良寛さまにしてこの歌があり、いや、良寛さまだからこそ、この歌があるのかもしれない。

古来より、求道といい、辦道（道をつとめる）といい、仏の道、人の道、武道、芸道などと、日本では何にでも道をつける。道の一番根源は天地のこの真理の姿であり、その天地の道を見窮め、わがままな私を捨て、その道理、真理に従って生きることを、求道といい、学道といい、辦道という。

仏法といい、仏教といい、仏道という。一つのものながら、ひびきが違う。天地間の一切の存在が、全身心をあげて見せ、語ってくれる真理そのものを仏法と呼び、そこからおのずからにして教えが生まれてくる。それが仏教であり、その教えにしたがって今ここを勤めて

ゆくところに道が現成する。つまり仏道である。道の根源が天地の姿に帰することを、そこから出発したものであることを忘れてはならない。

床の間に掛けられているお軸の言葉で、「平常心是道」という一句によく出会う。「へいじょうしんぜどう」と読み、日常の心、普段の心が道だと受けとめている人もあるようだが、ほんとうの読みは「びょうじょうしんぜどう」と読む。

平は平等、常は恒常、絶対平等で永遠不変なものを心と名づけるというのである。仏教で「心」というときは、人間の心理の心ではなく、天地宇宙の真理そのものを「心」という言葉で表現することが多いから気をつけなければならない。この「平常心是道」の言葉は、中国・唐時代の禅の巨匠、南泉普願とその弟子の趙州従諗との間にかわされた問答が伝えられている。

趙州問う「いかなるかこれ道」
南泉答う「平常心是道」
趙州問う「還って趣向すべきや否や」
南泉答う「向かわんと擬すればそむく」
趙州問う「擬せざればいかでか道なることを知らん」
南泉答う「道は知と不知とに属せず。知はこれ妄覚、不知はこれ無記」（後略）

弟子の趙州が師の南泉に「道というものはどういうものですか」と問うたのに対し、師の南泉は「平常心是道」と答えた。そこで趙州は「道はどこにあるかを尋ねてゆくことはできますか」と質ねると、師は「道がどこかにあると思って探しに出かけようとすると、道にそむいてしまうよ」という。道は自分の脚下。自分の足許をおいて目を外に向け、どこかにと探す姿勢である限り、道と向かいあっておりながら、道の只中にありながらも、ついに千里のへだたりをつくっていることになるのだよ、というのである。しかし趙州は「そうはおっしゃっても、探すだけは探し、求めるだけは求めてみないと、道というものがどういうものであったかということが、わからないじゃありませんか」と更に問うのに対し、南泉は「道というものは途方もなく大きなもので、小さな人間の認識でとらえられるような相手じゃないよ。とらえた（知）と思ったらそれはほんの一面にすぎないものであり、真実よりはるかにはるかに遠いものであるにすぎない（妄覚）ことを自覚しなければならないし、といって全くつかまえることができなければ（不知）話にもならない」と答えられたのである。

ただひとすじに

やはり道元禅師の言葉に「自己本より道中に在りて迷惑せず、妄想せず、顚倒せず、増減なく、誤謬なきことを信ずべし」という一句がある。気づく気づかないにかかわらず、初めから道の只中、仏の御手の只中であり、それからはずれようがないことを信ぜよ、というのである。

道は近し道ははるけし今ここを
　ただひとすじに歩みゆかばや

いつどこにあれども道の只中と
　思えば安し雲をみつむる

これは「道」の勅題によせて詠じた私の歌である。気づく気づかないにかかわらず、道の只中にあっての起き臥しであり、生老病死であり、華開落葉であるなら、追ったり逃げたりせず、一つ一つを大切に勤めてゆこうじゃないか。榎本栄一さんが「くだり坂」という題で、

くだり坂には
またくだり坂の
風光がある

と歌い、「道場」という題では、

このゴジャゴジャした世間が
私には　山の中よりも
修行によろしき道場

と歌っているように、はるかなる道、窮まりなき道は、そのまま私が立っているこの足許でもあることを忘れず、一歩一歩を大切に、たのしみ味わいつつ歩んでゆきたいものと思う。

四　水のように

どれだけ生きたかよりどう生きたか

つかの間のきらめきながらとこしえの
光やどして水の流るゝ　（昭和六十一年、勅題「水」）

つかの間、一瞬にして消えてゆく波が、その一瞬の命に、太陽の光を、月の光をきらりとやどして、次の瞬間消えてゆく。ちょうどそのように、私の命もどれだけ許されて生きられるかわからないけれども、たとえば十年、五十年、七十年と違っても、つかの間の命に変わりはない。そのわずかな命の間を、どうぞ少しでもこれ以上ないという、真実の生き方に従って生きたい。そんな思いがこの歌になったわけである。

人もし生くること　百年《ももとせ》ならんとも
おこたりにふけり　はげみ少なければ

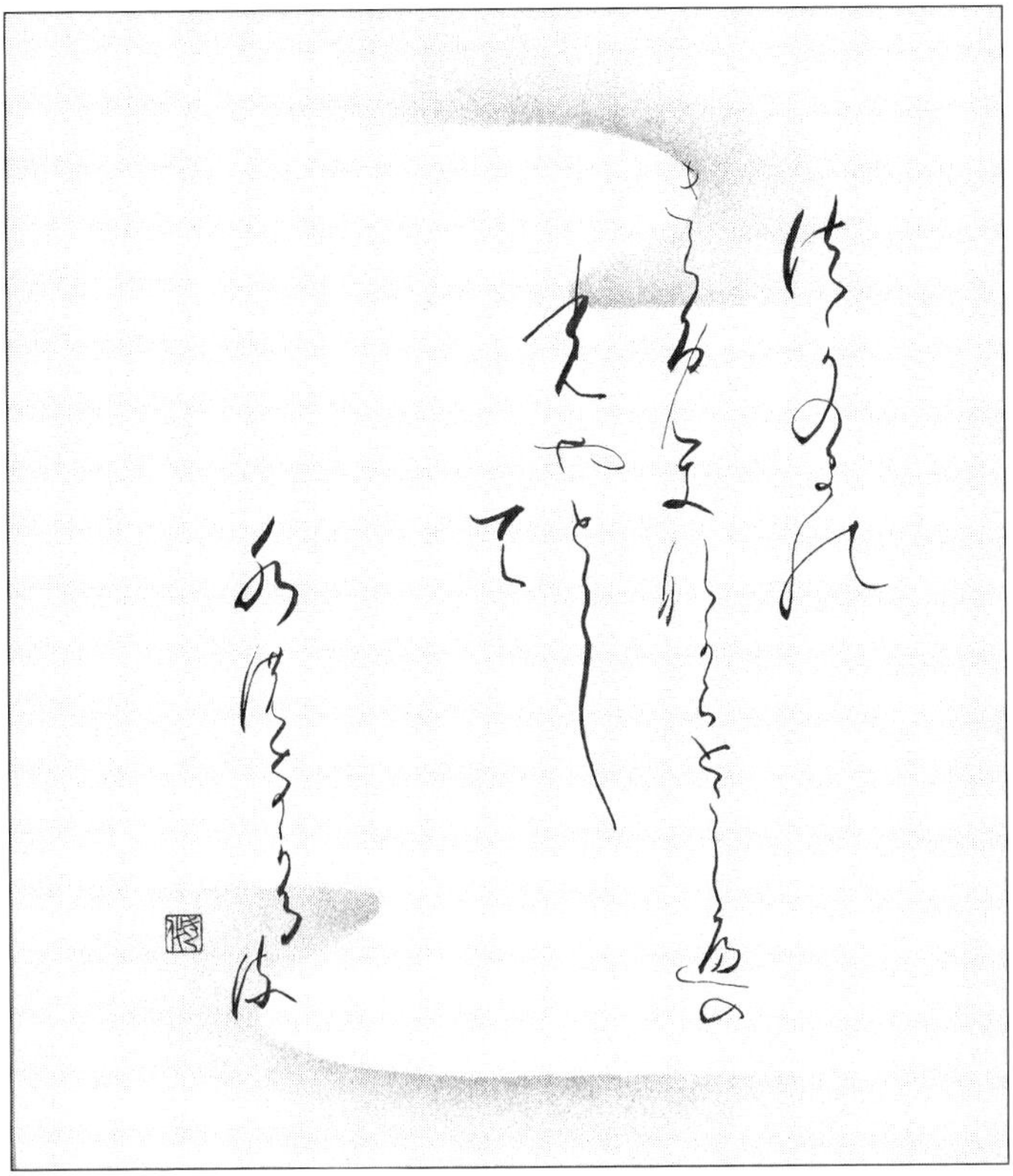

つかの間のきらめきながらとこしえの光やどして水の流るゝ

かたき精進《はげみ》に　ふるいたつものの
一日生くるにも　およばざるなり。　「法句経」

「おこたり」と訳されたもとの言葉は「放逸」という言葉であり、パーリ語の原典では「煩悩に従う」という意味をもっているという。ああしたい、こうしたいという自分の欲望の満足のために、寝もやらず努力しても、それは精進とは呼ばないというのである。道に従い、天地の道理に従い、あるべきように努力する姿をこそ「精進」と呼ぶのだという。

「いたづらに百歳生けらんは、うらむべき日月なり、かなしむべき形骸なり。たとい百歳の日月は、声色の奴婢と馳走すとも、そのなか一日の行持を行取せば、一生の百歳を行取するのみにあらず、百歳の佗生をも度取すべきなり。」

の道元禅師のお言葉に耳を傾けたい。

「声色の奴婢と馳走す」というのは、眼耳鼻舌身意の人間の主体の六根がそれに対する色声香味触法の六境を追いかけまわす。見たい、聞きたい、食べたい、欲しい、惜しい等の諸欲が主人公の座に坐り、その欲を満足させるために、この私が欲望の奴隷となって走りまわり、一生を空しく費してしまうことである。そういう歳月を百年生きるよりも、私が主人公となって、欲をあるべき方向へ、道の方向へと手綱さばきをし、たった一日でもよい、道に目覚め、道にしたがって生きるほうがどれほど尊いかしれない、というのである。

どれだけを生きたかよりもどう生きたかを
　みずからに問えと師はのたまいし　　（平成二十一年勅題「生」によせて）

たとえ万劫千生の生死を繰り返そうと、凡夫の思いを先としての流転の人生ならば永劫に解脱の見込みは立たない。その中、たとえ一日でもまことの師に、教えに出会うことにより、真実の生命に目覚め、方向転換することができたら、生々世々の真の幸せである。それを「百歳の佗生をも度取すべきなり」とおおせられたのである。〝どれだけ生きたかではなく、どう生きたか〟、つまり長さじゃない、中身なんだ、というのである。

仏さまのものさし

ひとつのものを測るにも、いろいろある。長さというものさしからいえば百年生きたほうがいいわけであるが、中身はどうかというものさしもある。

私が教えた生徒の娘さんが中学生でマラソンの選手。先日〝まもなくマラソンの競技があるから、勝つように祈ってください〟という手紙がきたので、こんな返事を書いた。

「勝つことも大事だけれど、どれだけ努力を払ったか、中身はどうか、というものさしもある。たとえば、一の努力で十の結果を得る人もあれば、十の努力で一の結果しか得られない人もいるかもしれない。日本の昔話の〝兎と亀の走り競走〟など、その例といえよう。

普通の世界では、一の努力で十の結果を得たほうが良しとされるけれど、十の努力で一の結果しか得られず、しかもそういう結果を論ぜず、ひたむきにつとめる。そちらに仏さまは軍配をあげられるのではないだろうか」と。

よい一つの例として、米沢英雄先生からお聞きした話を書きそえた。

「私の孫はからっきし運動が駄目で、この間も幼稚園の運動会。走り競走があって一番びりっこを走っていた。たまたま孫の前を走っていた友達がころんだ。孫の奴、ころんだ友達が起きあがって走り出すのを待っていてやって、またぼつぼつ走ってめでたく一番びりっこになった。孫の競技を応援にいった母親（米沢先生にとっては息子の嫁）が、帰ってきてうれしいこととして報告してくれた」というのである。これを語る米沢先生御自身もいかにもうれしそうで、さすがに深い信心に生きる御一家と、この話を思い出す度に心の中がほかほかとあたたかくなる。

今どきのお母さんはどうであろう。

「あなた、ばかね。その時追い越していけば、みじめなびりっこにならなくてもすんだんじゃない！」

と叱りかねないのに、勝ち負けを抜きにしてころんだ友達のことを心配する子供の心のありようを、ほめて育てようとする御一家の姿は、何とも嬉しい話である。

人を押しのけてでも一番になる。そんな人もいる。日本一つまらない一番だと思う。米沢先生の孫さんのような姿は、日本一すばらしいびりっことといえよう。中身はどうかという見方のよい例といえよう。

年輪ができる時

更にこんなことも書きたした。常夏の国の木には、年輪がないという。まったくないわけではないだろうけれども、寒い冬のある国の木のような年輪はできないのであろう。木に年輪ができるというのは、雪や嵐にあって、負けたら雪折れしたとおなじだ。負けずに、まっすぐに受けて立って越えてゆく時、その時に年輪ができる。その年輪が木を強いものに守ってくれる。材木となった時、年輪が木目として木を飾ってくれる。

お互いさまに、思うようになることだけを考えているけれど、思うようになることだけの人生というのは、年輪のない、面白くもおかしくもない、常夏の木と同じようなことになってしまうのではないか。悲しみ、苦しみ、心にそぐわないことに出会う。その時、負けたら雪折れしたと同じ。負けずに、まっすぐに受けて立って越えてゆく時、その人に年輪ができる時、私に年輪をつくっていただける時、私の魂を深まらせていただける時と、喜んで受けて立って越えてゆく。

なるべく身心のやわらかい時に、そういうじょうずに負けるけいこをする。悲しみ、マイナスを、プラスに切り換えていくような生きざまを学ぶ、これが大事なんだよと。

氷から水になる修行

岩もあり　木の根もあれど　さらさらと
　ただささらさらと　水のながるる

これは念仏に生きた甲斐和里子さんの歌である。水のようにありたい、空気のようなあり方で生きたいと、つねづね願っているからか、私はしばしば水と氷にたとえて、人のあり方を語る。

先日も「我を捨てる修行」について、雲水達にこんな話をした。

「水と氷はもとは同じものですね。それが氷とこりかたまると、一つの器のほかはどこにもおさまらず、無理に入れようとすると、器も傷つけ、自分も傷つきます。それに比べ、水になると、やわらかくなめらかで、まるい器に入れると水もまるくなり、四角い器に入れると水も四角になり、細長い器にも、迷路のように入りくんだ器にも難なく入りこみ、相手をうるおし、汚れもきよめてくれます。

また水には魚も住めるし、人も泳げるし、舟も走れます。それがひとたび凍ってしまうと、魚はたちまち冷凍となり、人の心も凍らせ、打ち砕いてしまいます。氷として結ばれた自我を、仏法という太陽の光にあて、慈悲というぬくもりにつつむことによって、柔軟な水として解いてゆく、これが修行の一番のしどころであろうと思います。

どこへいってもぶつかる人がいます。それは相手が悪いのではなく、私は氷だったのだな、私に角があったのだな、と気づかせていただくことが大切でしょうね」

久々に坐禅にやって来たブラジルのK尼が、涙を流しながら語ってくれた。

「先生、ありがとうございました。今日の先生の水と氷のお話、ここに修行しておりました頃、何度も聞かせていただきました。その頃は『私が水で、相手が氷だ』と思っていました。それから何年も経ち、今ふりかえって『ああ、私が氷だったな』と気づかせていただくことができました。」

民族や習慣の違い、言語の壁の厚さに堪えて、ひたむきに歩みつづけることによって至り得たK尼の心境の深さを尊く思ったことである。

透明ということ

透明でありたしと云いし人ありき
澄みとおる青き空をあおぎつ
（平成五年「空」にちなみ）

水から学びたいもう一つの大切なことは、透明ということ、みずからの色や姿を持たないということ。

私に一人の忘れられないHさんという女性がいる。二年間の大変な苦労の末に、富士山の裾野の畑の中に、小さなカレー専門店を持つことができた。或る日、ようやく念願かなって、このお店を訪ねることができた。瀟洒《しょうしゃ》なフランス風の建物、主人公はHさんたった一人。みずから玄関に出、案内し、自分で料理し、自分で運び、ひかえめに食べ方や料理の説明もする。とうもろこしや、さつまいもの畑の上をよぎって来たみどりの風につつまれながら、心こめてつくられたお料理の一品一品を味わっていた同行のS氏が、ふと使われている食器も、飾りものも、窓のステンド・グラスに至るまで、すべて透明なガラスが使われていることに気づき、「全部ガラスなんですな」と問いかけた。Hさんはしずかに、しかし、たしかな口調で「ハイ。大変こだわっております。ガラスのように透明になりたいと思いまして」と答えた。私はHさんらしいこの答えに心を打たれながら、かつて参禅に通われた頃のひたむきな求道の火が、今も変り無くしずかに燃えつづけていることに気づき、思わずこんなおしゃべりをした。

「透明ということは自分の色や姿や匂いを持たないということなのね。自分を消して相手を生かすというあり方が、その存在のありようなのね。たとえば水は透明です。水のない河は、水底の石も水藻も美しくありませんが、水にぬれることで石も水藻も美しくかがやきます。

庭の草木も石も水を打つことで、美しさや深さを増します。しかもそこに水の存在を感じさせません。お茶やコーヒーを美味しくするには、よい水であることが大切な条件です。水に味や色や匂いがついていたら、つまり水が自己主張したら、コーヒーもお茶も料理もおいしくできません。無味、無臭、無色、そして固定した形を持たないからこそ、すべての中に入りこみ、相手を生かすことができるのでしょうし、そういうあり方で水のあり方があるのでしょう。透明ということの意味にはそういう深さがあるような気がします」

Hさんは、息をすることも忘れたかと思うほどの真剣さとしずけさの中で、私の言葉を聞いてくれた。

意識にのぼらないということ

水と共に、水よりももっと徹した姿として願わしく思うものに、空気のあり方がある。水は味のないものであればこそ、どんなに飲んでも飽きることがないように、空気にも、匂いや姿がない。したがって一刻もなくては生きておれないほど大切なものであるのに、誰も吸っていることさえ気づいていない。気づいていないから、ありがたいと思わない。あるのが当たり前という思いすらも意識にのぼってこない。

一息ごとに「ああ空気のおかげで生かさせていただいている」「ああ、ありがたい」と思っていたら、頭がおかしくなってしまうであろう。もっとも大切なものであればこそ、全く姿を消し去って、意識にものぼらないようなあり方で存在するというところに、すばらしさがある。

人のあり方、人と人、夫と妻のありようも、こんなあり方こそ、最後の最高のあり方といえよう。

禅の言葉に「不知もっとも親し」というのがある。認識にのぼってこないというのが一番親しいあり方だというのである。自動車運転も、全く意識せずに運転できるようになってようやく一人前といえよう。体の上で考えてみるとよくわかる。胃や心臓の存在が気になるのは、胃や心臓が病んでいる証拠である。歯の痛いときも歯の存在が意識にのぼる。ヨーロッパではそういうとき、「歯が痛い」とは言わず「歯を感ずる」と表現するのだという。健康なとき、それらの存在すらも忘れている。

もっとも大切なものでありながら、その存在を全く感じさせない、自己主張なしというあり方のすばらしさを、水や空気のあり方に見出し、人のあり方の究極の姿を、そこにみる思いがすることである。

五　御手の只中での起き臥し

待ちたもう仏

いづくまでも乗せまいらせん供せんと
　駒ひき庚申われを待ちます

駒ひきて待ちます君に客人《まろうど》は
　誰そとし問えばこおろぎの鳴く

無量寺の境内には駒ひき庚申と呼ばれる庚申さまが祀られている。この庚申さまは「元禄十三年庚辰八月」と判読できるから、今から三百十五年前（西暦一七〇〇年）、名僧の誉れ高かった四世直西和尚の建立によるものと思われる。近郊にも駒ひき庚申と呼ばれる庚申塚があちこちに祀られているようであるが、往古、馬は唯一の交通機関であり、また田畑の機動力でもあり、家族の一員として大切に扱われてきた。この馬の守り本尊として、馬頭観音や駒ひき庚申が祀られるようになったのであろう。また、この内田村（旧名）は、内田の牧といって、往古、京都の朝廷に献上する馬を育てる牧場であったということからも、駒ひき庚申を祀るようになったゆえんがうなづかれる。

今日でも「お庚申組」などといって、地方では冠婚葬祭を営む共同体として、その名残りをとどめている。そのお庚申さまは、青面夜叉金剛明王を本尊とし、忿怒形の六臂像で、足もとに「見ざる、聞かざる。云わざる」の三猿を従がえ、病魔悪鬼を除く神として、また、養蚕のさかんな時代には蚕の神としても人々に親しまれてきた。午（馬）年にちなみこの庚申さまによせて詠じたのが、この二首である。

衆生の数だけ仏います

東井義雄先生の詩に、次のようなものがある。

　川にそって　岸がある
　私にそって　本願がある
　川のための　岸
　私のための　本願

みずから求道心をおこし、みずからの足で、み仏のみもとまで歩いて来い、というのでは

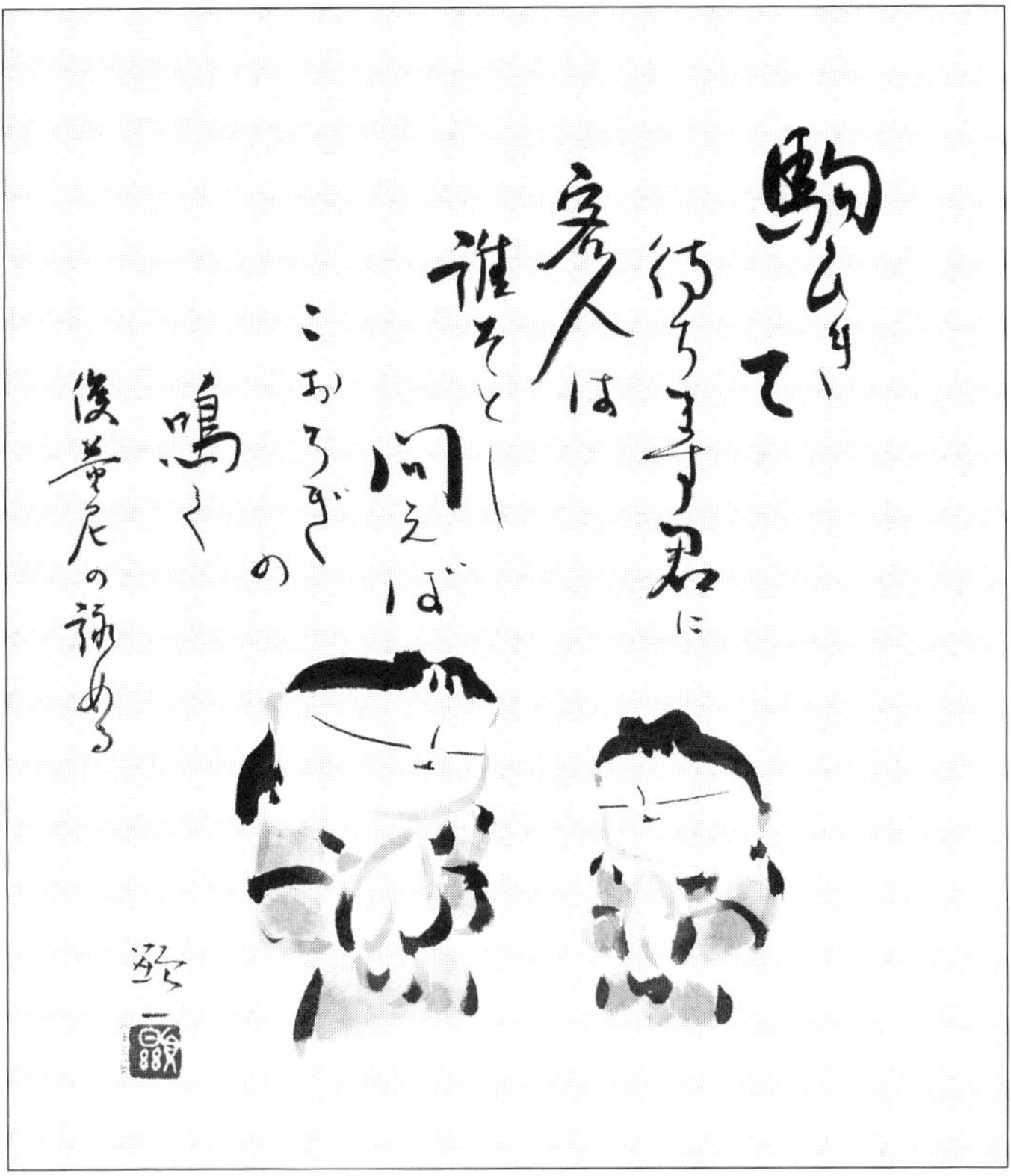

駒ひきて待ちます君に客人は誰そとし問えばこおろぎの鳴く

なく、ただわが身が可愛く、おのれの欲の満足を追うことのみのほかは何一つ耳に入らず、その思いが充たされないときは、怒り、愚図り、恨み、七顚八倒するのみで、出口もわからず、出ようとする心も起きず、まして彼岸の存在すらも知らない私共を救おうと、地獄の底までもみずからおりて来て下さるのが、仏さまなのである。

そむくまましたごうままにあますなく
いだきて運ぶ法のみ車　　（昭和六十五年勅題「車」によせて）

一日の間に、幾度となく、みずから省みても顔をそむけたくなるような地獄の思い、餓鬼の思い、畜生の思い、阿修羅の如き思いや行動をして、六道輪廻をくり返している私共のところまでおりて来て下さり、共に苦しみながら、〝気づいてくれよ〟と語りかけ、いついつまでも待っていて下さるのが六地蔵さまなのである。婦女子には婦女子の姿となり、子供には子供の姿となり、病人には病人の姿となって共に悲しみなげきつつ、導いて下さるのが三十三身観音の働きなのである。三とは無限をあらわす数字で、衆生の数、煩悩の数だけ姿をあらわし、救わんとして下さっているのが観音菩薩なのである。

一日に八万四千の煩悩あり
　八万四千のみほとけいます

『法華経』の「信解品」には、有名な長者窮子の譬が示されている。幼にして父の家を去り、他国に放浪すること幾十年。身も心も窮子になり下り、わが家の前に物乞いに立ってもわが家であることも知らず、わが父を見ても父なることも知らぬわが子のために、父は、同じ姿に身をおとした使用人を遣わして導き入れ、みずからも粗衣をまとい手に除糞の器をもってわが子に近づき、次第にひきあげ、ついに長者の実子としての自覚を得るまでに誘引し、家督を相続させるに至るという譬喩である。この長者は他ならぬ釈尊であり、本来長者の一人子でありながら、この自覚もなく他国を放浪している窮子は私なのである。その私のために、みずから粗衣をまとい、除糞の器をもち、よろこび悲しみを共にし、共に進退しながら漸々に誘引したもうそのお姿が、錫杖をもってどこどこまでも追いかけて来て下さる地蔵菩薩であり、三十三身に身を現じて共に行道したもう観音菩薩のお姿なのである。

御手の中での起き伏し

N子さんの一人子が二十四歳の若さで亡くなられた。葬式に行った私の顔を見るなり、

「先生！」と声にならない声で叫んだきり、母のN子さんは泣き伏した。私はこの母や親族や、会葬した友人の若者達に、こんな話をした。

その中にありとも知らず晴れ渡る
　空にいだかれ雲の遊べる

これは「晴れ」（昭和六十四年）という勅題によせて詠じた私の歌である。「その中」というのは、仏さまの御手のど真ん中ということ。気づくと気づかぬとにかかわらず、いつでも御手のど真ん中であることに変わりはなく、御手のど真ん中での起き伏しなのである。

その中の「雲」というのは、私共のこと。雲は温度と湿度と風により、ときにはかろやかな美しい雲となって流れ、ときに荒れ狂う黒雲となり、ときに勇壮な入道雲となり、ときに液体となり、雨となって地上に落ちて来たり、個体となり、雹や霰や雪となって舞いおりて来たり、ときに消えたと見えたりする。

しかしこのすべてのいとなみは、大空の中での出来ごとであり、増減なし、生死なし、去来なしの大空にいだかれ、その中にあっての生死・去来なのであって、どこへもゆきはしない。われわれの命の姿も、これと少しも変りはしないのだ、ということを。

今一つ、いつまでも生きておれると思うと今がぼやけ、いつでも聞けると思うと、とたん

その中にありとも知らず晴れ渡る空にいだかれ雲の遊べる

に耳が聾して話が素通りしてしまう。今一刻の命のみと死の宣告をつきつけられて始めて人は本気になり、たった一度しか聞けないと思うとき、真剣に聞こうとする。

「死ぬんだよ、おまえさんも。いつ死んでもよいように今を大切に生きなさいよ」と、わが命をかけて語ってくれる死者の最期の言葉を聞くのが、葬式の意味なのだ、と。一人子を失った母は、祖父母は、まさに真剣そのものという顔で、全身を耳にして聞き入ってくれた。その友人達も。参禅会にも通ってくれるようになった。

気づいてくれよの呼び声

私はしみじみそこに、仏の御はからいを感じた。最愛のわが子を失うというほどの悲しみに出会わねば、人は本気にならない。火がつかない。聞く耳が開けない。仏は、一人子を奪うという手段に出てまで、目前のことを追うに急なあまり、大切なことを見落としている人々に、「気づいてくれよ!」と心を労していて下さる。仏の涙ながらの御はからいが感ぜられよび声が聞こえる。

まさに川にそって岸があるのであり、岸にそって川があるのではないのである。

萌えいづる春も散りゆく秋の夜も
みなおおいなるみ手のまにまに　(平成二十一年「生」によせて)

一、おかれている場所はどこでもよい。そこでどう生きるか。
一、人生の目的は長生きすることではない。よく生きるということ。
一、よく生きるとは、今はよくないと気づくこと。
これは、かつてある死刑囚に送った三つの言葉である。

禅の言葉に「誰が家にか明月清風なからん」（碧巌録）というのがある。清らかな月の光やさわやかな風のとどかないところはないよ、というのである。ただ自分から窓を閉じているだけ、眼を閉じているだけ、窓をいっぱいに開けはなってごらん、眼をしっかり開いてごらん。まぶしいほどの太陽の光が、あたたかい春の日ざしが、どの人も、どの家も、いかなる草木も、地上の一切のものの上に全く平等にふりそそぎ、つつみこみ、働きかけていてくださるんだよ。刑務所の中であろうと、生かされている生命の条件は少しも変らないんだよ。ここは悪いところ、あそこは良いところという、人間のモノサシをはずしてごらん、というのである。

深夜、東井義雄先生のところへ電話が入った。男の方のせっぱつまった声で「世の中の人がみんな私を見捨てた。裏切った。生きてゆく勇気がなくなったから、今から首をつって死のうと思う。けれど一つだけ気になることがある。南無阿弥陀仏と唱えて死んだら救ってもらえるか」という。「待って下さい。あなたの気まぐれな南無阿弥陀仏ぐらいで救われるもんですか。そんなことより、あなたはまわり中が見捨てた、裏切ったというけれど、あなた自身が自分を裏切り、見捨てて死のうとしているじゃないか。その間も少しも見捨てずに『つらかろうけれどがんばってくれよ、生きのびてくれよ』と呼びかけ通しに呼びかけ、働きかけ通しに働きかけていて下さる、その方のお声が聞こえないか」と東井先生。「そんな声、どこにも聞こえやしない」という電話の主に対し、「死のうとしているときも、あなたの心臓がドキドキと動いているでしょう。あなたの呼吸が出入りしているでしょう。死なせてなるものかと、あなたの心臓を働かせ、あなたの呼吸を出入りさせている、その働きを仏と呼ぶんだ。そのほかのどこに仏がいると思うか」と東井先生はおっしゃったという。

そのお働きの只中に、すべてのものが、いつ、どこにあっても、もれなくつつまれ、生かされている。だから「おかれている場所はどこでもよい」のである。問題はそのおかれている場所でどういう生き方をするか、にかかっているのである。そういうお働きに生かされて、今の一呼吸もあるんだと気づけば、おのずからどう生きたらよいかの答えはかえってこよう。

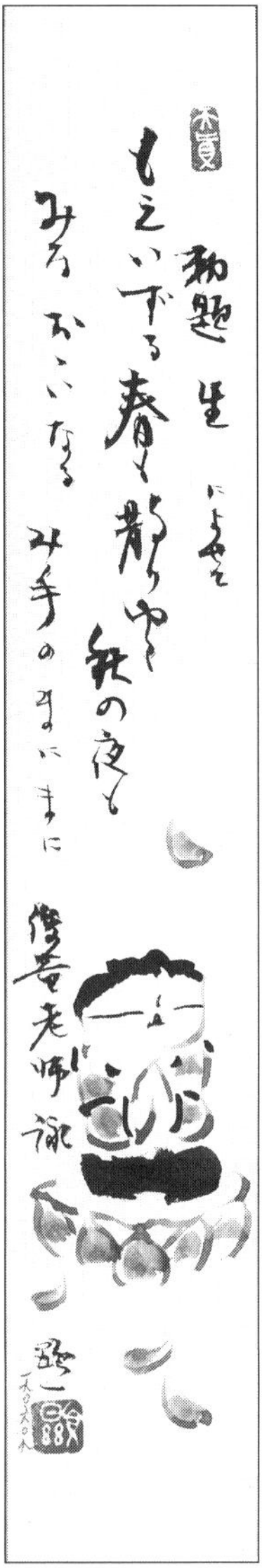

萌えいづる春も散りゆく秋の夜もみなおおいなるみ手のままに

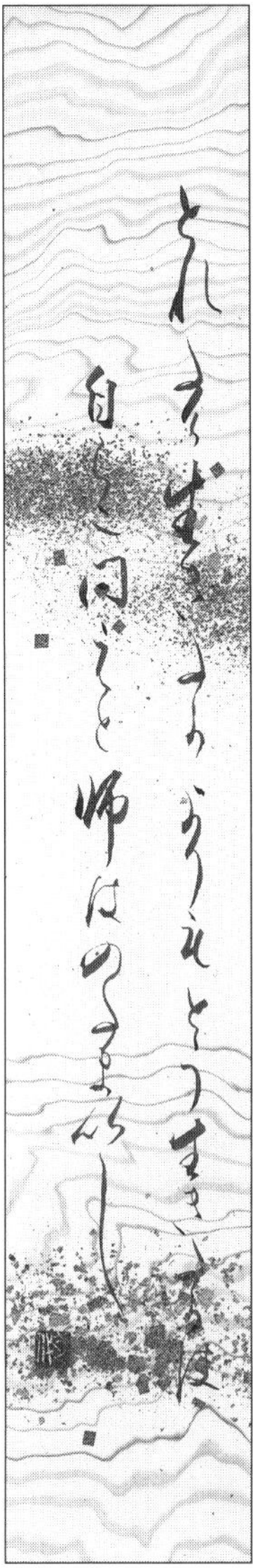

どれだけを生きたかよりもどう生きたかをみずからに問えと師はのたまいし

六　人生に退職なし

還暦の峠をこえてあらたなる
　また旅立ちをするぞうれしき

平成五年（一九九三年）の正月、私は還暦を迎えた。一月十五日が誕生日である。その頃はきまって一月十五日は小正月とか若年と呼んで休日であったので、茶の湯の一年の初めの行事である初釜の日に当てていた。当日は百人前後の弟子達のために、私は一日中お濃茶をねる。ねりながらふとこの歌が口をついて出た。「よし！　やるぞ！」、そんな思いと共に、参会の弟子達にこの歌の披露をした。〝人生に退職はない。最後まで本番、最後ほど本番、最後ほど仕上げどき〟、そんな思いをこめて。

その年の六月、風邪をこじらせ肺炎になり、半月余り病臥の状態となった。あちこちから見舞いの手紙の一つ、お茶の弟子からの手紙の中に次のような言葉が入っていた。

「還暦の峠をこえて元気に二度目の旅立ちをされた先生が、肺炎で一服ですね。ゆっくり静養され、お元気な旅をおつづけ下さるよう、お祈りしております」

私は次のような返事を書いた。

〝一服ではない、これが景色だ〟と。

初めの六十年は一家の主人公として、または主婦として忙しく、それなりに生甲斐もあろうが、忙しさにかまけて足も心も宙に浮きかねない。二度目の暦の旅は第一線から一歩退いて、自分自身と向かいあう時間が多くなる。同時に生老病死という言葉で一生をあらわすならば、老病死という景色がひんぱんに出てくるのが、二度目の暦の旅の景色。むしろ老いを見すえて人生を深め、病を見すえて人生を深め、死を見すえて人生を深める。深めるという点ではこのほうがすばらしい。

病んではじめて健康のありがたさもわかる。死を忘れたら生もぼける。死を見すえる眼が深いほど、今日一日、今ひとときいただくことができた生命のよろこびも、したがってその命をどう使うべきかも見えてくる。

いかなる老いが来ようと、いかなる死が来ようと、授かりとして文句なくいただいてゆく人生ではあるが、願わくは「老化」の「化」に「艹」（くさかんむり、つまり花）をつけたい。美しく老いることができたらいいなあ、という願いである。

教えや経典は生演奏するための楽譜

しばらくして、隣り村の老人クラブが研修に来たのでこの話をした。参加者の一人で音楽にたずさわっていた方が、私のこの還暦の歌を作曲し、楽譜にうつして送ってくれた。ところが音楽の素養のない私は、楽譜を見ただけではさっぱりわからない。困ったな、と思いながら忙しさにかまけ、礼状も出さずに二ヶ月ほど過ぎたある日、その老人から手紙が来た。〝冥土の土産にしたいから、何とか感想をきかしてほしい〟と書かれてあった。そこで私は、お茶の弟子の中で音楽やら声楽をやっている人にたのんで、弾いたり歌ったりしてもらうことでようやくわかった。

どんなにすばらしい曲が楽譜として書かれていても、楽譜の読めないものにとっては反古と変りない。楽譜が書いてあるばかりに、メモ用紙にもならない。そんな私でも生演奏をしてもらうとわかる。つまり楽譜では生命は与えられないけれど、生演奏をすることによって初めて生命が与えられ、生命と生命とがぶつかりあってそこに感動が生まれる。これが大切なのである。

お釈迦さまという、歴代祖師方というたぐいない方が世にお出まし下さり、〝天地はこうなっている、その中で人の生命もこのように生かされている。だからこう生きてゆこうじゃないか〟とお説き下さった。お釈迦さまや祖師方を作曲家にたとえるなら、そこに説きいだされた教えが楽譜。それを文字にうつしたものがお経である。〝ギャテイギャテイ、パーラギャテイ〟と梵語で読んでも、「観自在菩薩行深般若」と漢文で読んでも、一般の方々はほとんどわからないであろう。私が楽譜が読めないのと同じである。

教えは、そしてお経は、たった一度の、やりなおしのできない生命の今をどう生きたらよいか、どう生演奏したらよいか。まちがいのない、最高の生演奏をするための手引きとしての楽譜であることを忘れてはならない。本命は、今ここで具体的にどう生きるかという生演奏であって、生演奏という裏打ちのないお経や教えの学びは戯論にすぎない。そういうあり方を沢木興道老師は、「ことづけ仏法」とか「傍観者の仏法」と誡められた。「お釈迦さま、こうおっしゃったとさ、親鸞さまや道元さまはこうおっしゃったとさ。私とは関係ない」と、私の今日只今の人生を通さないあり方を誡められたものである。厳しくわが姿を照らし返してみねばと思うことである。

七　祈り〝美しくそして静かに〟

仏の姿を真似る

ある週刊誌の新春特集として、瀬戸内寂聴さんと対談したことがある。そのとき瀬戸内さんが、親しくしている高名な女流作家の話を、ころころと笑いころげながら話して下さったことが、妙に心に残っている。

「Tさんが云うんですよ。『湯あがりの自分の裸身を姿見にうつして、ほれぼれと見る』って。私思うんですよ。湯気のために曇った鏡にボウッとうつった自分の姿を、九十歳すぎの老眼で見たら、そりゃほれぼれするほどに美しかろうと」

私も一緒になって笑いながら、「夜目、遠目、傘の内」という諺の心もそれだな、と気づいた。暗闇の中、あるいは月明の下、または遠目や傘の蔭から見えがくれに見えるというものは、美しく幽雅に見えるものである。暗さが、遠いという隔たりが、傘という障害物が、小さい欠点を消してしまうから。誰しもが欠点を持っている。その欠点を探し出し、つつきあい、責めあったら、そこに展開する社会は、暗く悲しく、とげとげしいものとなる。欠点を見ないようにする、つとめて良いところを見つけ出して生きるようにする。少し離れて全体を見るようにする。それが人生を明るくたのしく、あたたかく生きてゆく上での大切な智恵というものではなかろうか。

もう一人の私の目を育てる

七十歳を過ぎたMさんが、御主人の追善の法要を勧められたあと、しみじみと語ってくれた。「主人が生きている間は、わがままいっぱいの天下さまの主人がいなくなったら、さぞかし楽になるだろうと思っておりました。亡くなってみて初めて、こんなに主人が私の風よけに、世間の荒波の防波堤になってくれていたのかと、ようやくわからせてもらいました。主人が亡くなって年月が経つほどに、生前は近すぎて見えていなかった良いところが次々と見えてきて、反対に自分の心の運びの足りなかったことばかりが、これもまた見えてきて、感謝と後悔ばかりです。気がつくのに遅すぎますね」と。遠くへ離れてみないとわからないことがある。手も声もとどかない遥かなるところへいってしまわれないと、気づかぬことがある。

富士山に登った人が帰ってきてしみじみ云った。「富士山は遠くから眺めるものです。この足で登ってごらんなさい。荒けずりの山肌と登山者の捨てたゴミの山で、見られたものじゃありません」と。近くでは汚ないばかりの（ほかでもない、人間が汚しているのだけれど）

富士山も、遠く離れ、それも雪におおわれると、朝日や夕日に照らし出されると、雲に彩られると、こよなく美しく、崇高でさえある。ふだん見あきている平凡な身近の景色でも、月明の下では、あるいは雪化粧をすると、自分の目をうたがうほどに美しいものへと変貌するように。

自分をつきはなして自分を観る、もう一人の私の目を育てることだ。それには全く別の環境に自分を置いてみるということも一つの方法だ。のびきって、もとにもどることを忘れたゴムのような惰性の毎日の流れから、ときに岸にあがり、その流れを上から眺めてみることだ。少し高いところに昇り、流れの全体を展望してみることだ。自分の姿が見えてこよう。自分の欠点が見えてこよう。どう流れてゆくべきかの方向も見えてこよう。

「明」の字は「月光が窓から入る」の意

紅葉のことのほか美しい一日、松江に遊び、松平不昧公の好まれた茶室、菅田庵と明々菴を訪ねることができた。茅葺の厚い入母屋に掲げられた不昧公直筆の「明々菴」の額をふりあおいでハッとした。明の字の偏が「日」偏ではなく「囧」（まど）偏に書かれているのである。素人の考えから〝日と月と並べて出たら明るいにきまっている〟ぐらいの受けとめをしていたが、違っていたことに気づく。日ではなく窓からさしこむ月の光が、明の字の本来の意味であったのである。

寺へ帰って『字統』を出して調べた。「冏」「囧」などの文字が連ねてあり、「窓から月光が入りこむ意、そこは神を祀るところであり、神明の意がある」とあり、更に「明とは神明の意。葬器を明器、神水を明水というのもその意。古く穴下式の住居では、中央に方抗を掘り、その四方に横穴式の居室を作る。全体が亜字形をなし、中央の方抗のところが光の入るところ、すなわち明堂であり、そこに神を迎えて祀る、ゆえに神事を明といい、聖職を明公と呼ぶ」と解説がつづく。不昧公の「冏」の字から、思いがけず「明」の字義を知ることができたことは収穫であった。

姿・形をととのえれば心もととのう

いたずらなる月日あらじなさびさびと
　老いませし君が姿おろがむ
心うつす姿見なきはみ仏の
　お慈悲ならんと思う日のあり

いとおしくまたはずかしきわが姿
幾年かけて刻みつづけし

平成九年の勅題は「姿」であった。道元禅師は「まず身の威儀をさきとしてあらたむれば、心も随ふて改まるなり」（正法眼蔵随聞記）とお示めしになっておられる。心が乱れたとき、沈みがちのとき、怠惰に流れそうなとき、身支度をきちっと整え、腰を入れ、首をまっすぐに立て、シャキッと座ってみる。自然に心もシャキッとするものである。

身体の姿・形を整えれば、心もおのずから整い、心のありようがまた姿に現れる。身心は一つであり、互いに影響しあうものであるが、それでも道元禅師は、なお、心をアテにせず、姿形を整えることをもって心を整えてゆけと、体を整えることを強調しておられる。その整え方の手本として、更に道元禅師は「如来の風儀を慣ふべきなり。身口意の威儀は先仏の行じ来れる作法あり。各々其の儀に随ふべし」とおっしゃり、如来の威儀、つまり仏さまのお姿、ありようをお手本として整えよとおおせられる。「身口意の威儀」というのは、身体と言葉と心と、そのすべてのありようを、仏さまの姿に真似てゆけというのである。昔から「学ぶ」とは「真似ぶ」であり、一生仏さまの真似をし通すことができれば本物である。

仏という鏡に照らして自分の姿を見る

仏の姿という生き方のお手本、鏡があるお蔭で、私の姿をうつし出してもらうことができる。あらまほしき仏の姿という鏡にうつる自分の姿は、願いとは裏腹に、願っても願っても整えられない自分、一層に仏の姿には遠い自分の姿に気づくのみである。しかし願っても願ってもできない自分をごまかさず見据えてゆくところにのみ、できない自分を越えてゆく道があることを、そして仏の姿に近づく道もそこにしかないことを銘記しておかねばならない。

妙好人とたたえられた因幡の源左さん（昭和五年に八十九歳で逝去）は、晩年そのお人柄にふさわしいおだやかな肖像画ができてきた。源左さんはそれを見て「これは私のと違う。私の頭には角がある」といって、角を描きこませたという。私の頭の角は、凡愚の私の曇った眼にはうつらない。南無阿弥陀仏という仏の御目をいただいて初めて、私の頭の角を見せていただけるのである。

「角を出さないように、身心の姿を整えて生きてゆきましょう」というだけでは道徳の世界。そこにとどまって自分の角が見えないと、他人の角を批難し、責めてしまう。その願いのもとに精進せねばならないことはまちがいないが、願っても願っても、その願いの下から角を出さないではおれない自分、姿を乱してしまう自分に気づかせていただくことができると、共に懺悔し、許したまえと祈ることはできても、人を責められなくなる。「大悲」とたたえ、「慈悲」と呼び、「同悲」と表現する。「悲」という文字が使われている意味の深さを思い、道徳を越えた宗教の世界の高さ、深さがここにあることを忘れてはならない。

私の人生を築きあげる主人公は私

いたずらなる月日あらじな三百年の
　齢《よわい》をきざむ庵の老桜

さびさびと老いませし君がみ姿に
　八十路《やそじ》はるけき旅をしぞ思う

心うつす姿見あらばいかばかり
　この人の世はかなしからまし

勅題「姿」によせて詠じた一連の短歌である。「四十歳になったら自分の顔に責任を持て」と、リンカーンが云ったという。四十歳にならなくとも、十代でも二十代でも、ごまかしようがなく、それまでの生き方が、そしてそのときの心のありようが、姿にあらわれるか

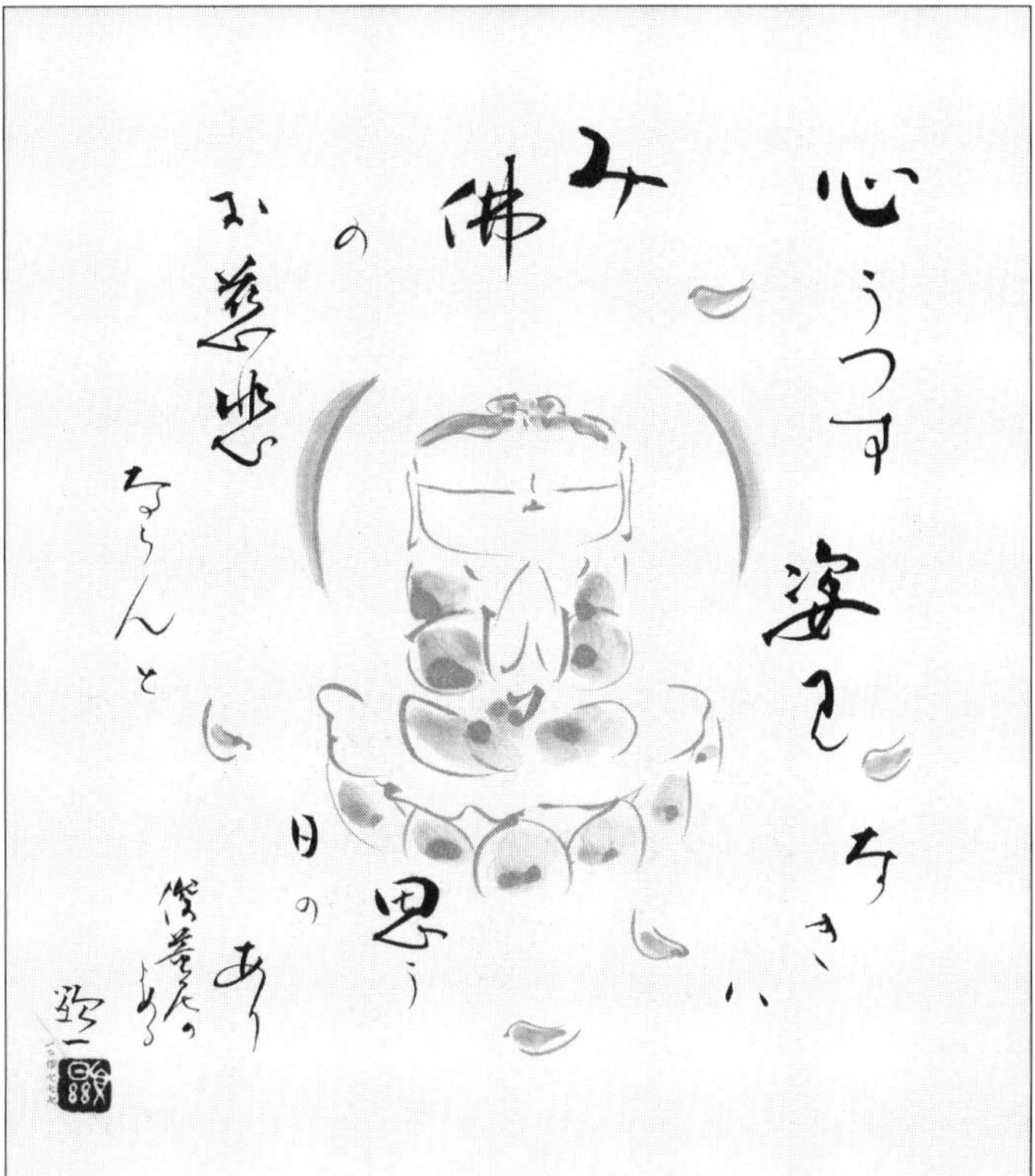

心うつす姿見なきはみ仏のお慈悲ならんと思う日のあり

らおそろしい。

女あり　二人ゆく
若きは　うるわし
老いたるは　なおうるわし

これはアメリカの詩人ホイットマンの詩である。「老いたるは　なおうるわし」がいい。皺がなくて美しいというのではない。白髪がなくて美しいというのではない。誰の人生にも越えがたき山や谷があったはず。それをどう受けとめ、越えてきたか。その越えようが、皺の一本一本に、白髪の一本一本に深い陰影となって、年を重ねるほどに、その人を美しくしてゆくか、反対に暗く醜いものにしてゆくか、とわかれてゆくのである。

人が見ていようといまいとにかかわらず、何を思い、何を語り、どう生きようとしたか、その一つ一つの行為が、姿なき彫刻刀となって、一点のごまかしもなく自分の姿を刻み出してゆく。おそろしいことであり、はずかしいことである。私の人生を、姿を刻みあげてゆく責任者、主人公は私一人、誰も代ってはくれない。誰も助けてはくれない。心して心して、一歩一歩を運ばねば、と思うことである。

わが足音を聴く

ずいぶん前のこと（昭和四十一年）になるが、「声」というお勅題が出たことがあった。そのときの新聞のコラムに「声に人柄が現われる」ということが書かれてあり、ハッとしたことを覚えている。筆者が誰であったか覚えていない。お茶の稽古場でこの話をしたら、真っ先に応じてきたのが電話の交換手をしている娘さんであったことも興味深いことであった。

「先生、そうなんですよ。私たちは声だけで仕事をしているんですが、その声を聞いてなんとなくあたたかく尊敬できそうな人だなと思っている人に直接お会いしてみると、やはりよいお人柄なんですね。反対に、声を聞いただけでイライラしたり、何となくあつかましくていやな感じを受けていた人は、直接会ってみてもやはりそういう方なんです。声を出すことがおそろしくなることがあります」

江戸時代、網干し（兵庫）の龍門寺に出られ不生禅を唱えた盤珪禅師は、臨済の系脈の中でも異色の傑僧であり、逸話も多く今日に伝えられている。その一つに、禅師のところへ出入りしていた盲目のマッサージ師の話がある。

「盤珪さまという方はおそろしいお方だ。大概の人は、他人の不幸に悔やみを云うとき、よく聞いていると『おれでなくてよかった』という思いがひそんでいる。ところが盤珪さまの声は心から悲しんでおられる。大概の人が人の幸せを祝うとき、よく聞いていると『ねたましい』という思いがあるのをかくせないものだ。ところが盤珪さまにはそれがない。相手とまったく一つになり、心から喜んでおられる。あんなお方は見たことがない。」

盤珪さまもすばらしいが、声を聞いてこれほどまでに聞きわけるマッサージ師の耳もすばらしい。この話を聞いて以来、人に祝い言や見舞いの言葉をかける度に、思わず我が声に耳をすまし、「私は今、ほんとうに相手の人が喜んでいるほどに喜び、悲しんでいるほどに悲しんでいるのだろうか」と自問自答するようになってしまった。

声に人柄が現われる。これは声の良い悪いというのとは次元が違う。声に、声を出す人の全人格がにじみ出てくるのである。にごりのない、かけひきのない、暖かく美しい声で呼びかけ、また答えられる人間になりたい。

声ばかりではない。私達は一日中いろいろな音をたてて生きている。その音はまぎれもなくその人の生きざまの足音、心の足音でもあることを忘れてはならない。

声にも音にも人柄があらわれる

午前四時。坐禅堂で早朝の坐禅をしていたときのこと。ゴーンゴンゴンゴン。明けやらぬ空の彼方にむかって撞く梵鐘の音色が、妙に私の心にひっかかってくる。坐禅をしている私の頭に、鐘を撞く撞木《しゅもく》が直接頭につっかかってきて、坐禅がおちつかない。決して大きく撞いていいる訳ではない。きまり通り大きく小さく、その速度も定められた通りに撞いているのであるが、何かが違う。撞いているのは誰であろう？　ふと入堂二年目を迎えるK尼の顔がうかんできた。そうだK尼に違いない。

坐禅につづいての朝の勤行が終り、部屋にもどった私は侍者に質ねた。「今朝の梵鐘、誰が撞いたの？」「K尼です」私はK尼を呼んでもらった。そして今朝の梵鐘を、どんな気持ちで撞いたかを質ねた。K尼は怪訝な顔をしながら答えてくれた。

「梵鐘を百八つ撞つということは、百八つの煩悩だと教えていただきました。百八つの煩悩を、打って打って打ちまくる、そんな思いで撞きました」

私は思わず声をあげて笑ってしまった。

「今朝の鐘はね、私の頭につっかかってきて、どうしても落ちついて坐っておれなかったのよ。百八つという数はね、煩悩の数であると同時に慈悲の法門の数でもあるのよ。仏さまはね、煩悩の数、迷いの数だけ教えを説かれた訳ですからね。梵というのは静寂とか清浄という意味を持っており、梵天とか梵音とか梵語といって仏さまのことでもあるのです。梵鐘は仏さまの慈悲の音声をお伝えするということになるのでしょうね。

百八つの煩悩を氷にたとえるならば、氷はあたたかい光で照らし包みさえすれば、おのずから解けるでしょう。打って打って打ちのめすのではなく、あたたかく、柔らかくつつめばよいのよ。梵鐘の音はそういう音でなければならないでしょうね。」

鐘の音一つにも、撞いている人のその時の心があらわれる。修行力ばかりじゃなくて、心の動きまでがあらわれるから、おそろしい。暁天の坐禅が終りを告げるころ、時間を知らせる太鼓が鳴る。これがまた妙である。太鼓を打つ役の者は、その時間が来るまで外単（僧堂の外廊下にある坐禅の場所）で坐っている。ときどきさぼるか、用を足しにゆくかして、あたふたとその時間に外単に入り、太鼓を打つ者がいる。ところがこれが隠せない。太鼓の音が、坐禅していなかったことを告げる。

坐禅をしていると、それも三日、五日と摂心をつづけていると、おのずから坐がしずまり、非常に音というものに敏感になっていることを感ずる。バタバタバタ……ペタンペタン、普通の家庭では全員が一日中、この程度のスリッパの音は立てているであろうその音が、びっくりするほどの大きな音として僧堂内中に反響する。いや僧堂内というより、しずまった私の心の水がかきたてられるのであろう。心臓がどきどきするほどにその音は大きく心の耳をつんざく。

小休止の時間になり、諸用で出入りする雲水達の足音をじっと聞いていると姿は見なくても、おおよそ誰の足音かは見当がつく。

「大部修行が身についてきたな」「いつまで経っても足が宙に浮いているな」歩いている人の日ごろの修行ぶり、歩いている人の当処の心のありかが手にとるようにわかる。

わが足音のしずかなれかし

ふと道元禅師の「鞋をひいて声を作し、大衆に無礼し、大衆を動念せしむることを得ざれ」「鞋履ひびかすこと莫れ。涕唾咳呻ならびにかまびすしからざるべし」（永平大清規）のお言葉が思い出される。要するにスリッパの音、クシャミの音は、単にスリッパの音である

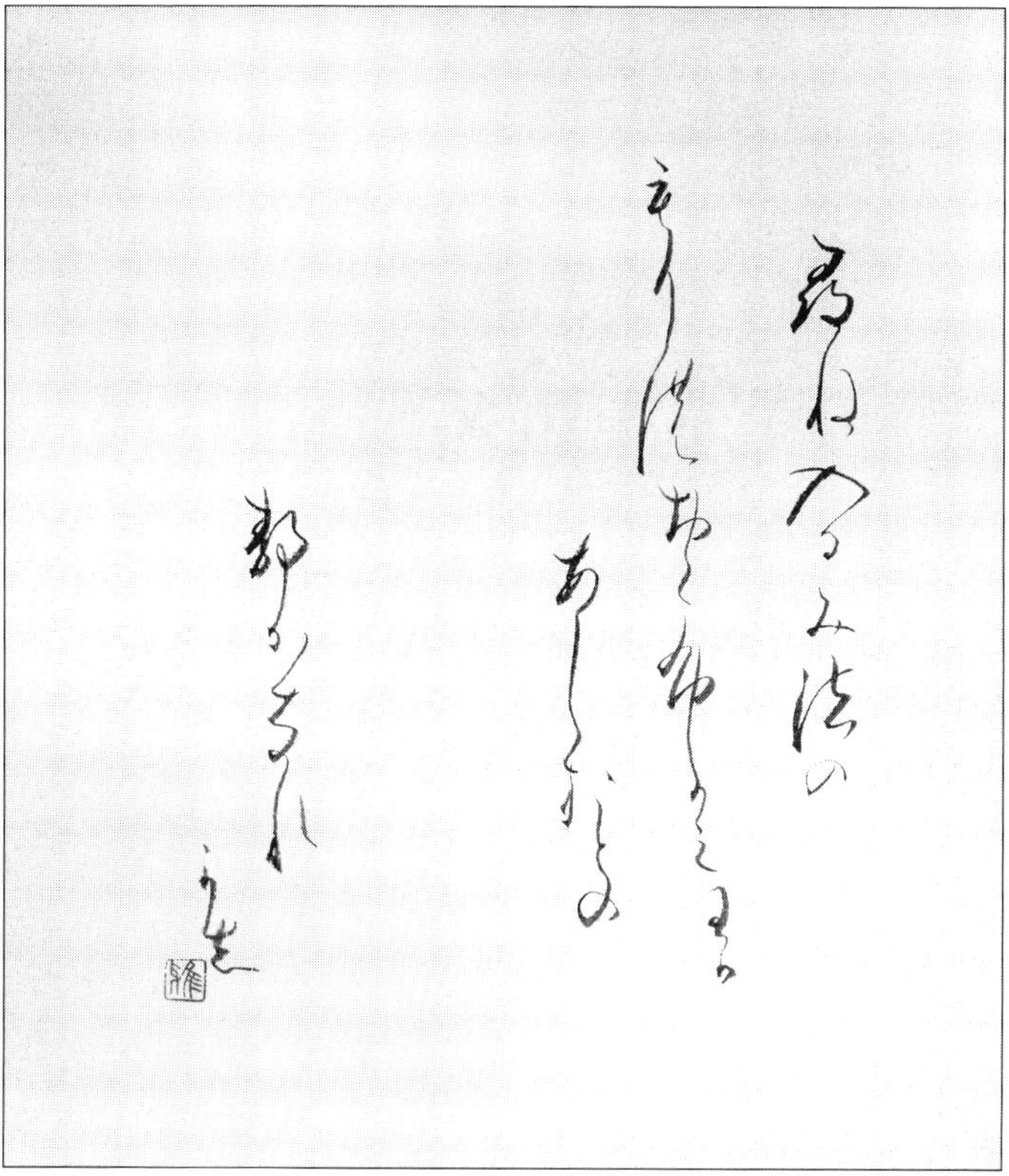

尋ねはいるみ法の森の奥深みわが足音のしずかなれかし

というだけではなく、スリッパをはいている人、クシャミをする人の心の足音なのだということである。出もの、腫物ところきらわずで、クシャミもセキもどうにもならないものではあるけれど、それでもやりようがある。傍若無人に「ハクショウオー」と顔をあげたままやる人がいる。そっと顔をそむけ、ハンカチか袖で顔をおおい、できる限り控えめにする人もいる。その音を聞き、その所作を見ているだけで、時に腹も立ち、逆に感心もする。

つまりクシャミ一つにもその人の修行力、生きざま、心のありかがあらわれることになるのである。

われわれは一日中いろいろな音を立てて生きている。洗面器に水を汲む音、口をすすぐ音、お便所のドアの開け閉め、食事の時の食器や箸の音、台所での鍋釜の片づけ等。考えてみるにこれらの音は、その物の音であると同時に、その音を立てる人の心の足音でもあることに気づく。

自分の立てる心の足音に、心の耳をかたむけつつ、心して日々の歩みを進めねばと思うことである。

尋ね入るみ法の森の奥深み
　わが足音のしずかなれかし

これは平成三年の「森」という勅題によせて詠じた歌である。乱れた足音しか立てられない私の、懺悔の歌である。うれしいといっては心も空の足音をたて、悲しいといっては暗い谷底にひきづりこまれるような足音をたて、気にいらぬといってはイライラと癪にさわった足音をたて、一日中しずまるときなくさまざまな足音をたてつづけている私の祈りの歌でもある。

ハイの一言も、よろこびの心、あたたかい心をこめて答えるのと、怒りながら、または暗くおちこんだ心で答えるのとは、同じハイでもそのひびきに雲泥の差があり、聞く人の心をして、明るく、また暗く、あるいは腹立たしくさえする。声ばかりではない。戸の開け閉め、食器や道具を置く音さえ、心が荒れているときは荒々しい音となって、周囲の空気をかき乱す。

一日中、さまざまな音を周囲にまき散らし、人々の心に波紋を投げかけて生きている私。しかも、自分の心が荒れ、波立っているときはその音が聞こえない。ちょうど騒音に聾された耳には、何も聞こえないように。

坐禅に照らされて妄想がみえる

よく「坐禅をしていると妄想がおきてしょうがありませんが、どうしたらいいでしょう」と質ねてくる人がいる。坐禅をしていると妄想がおきるのではない。ふだんはもっと妄想がおきているのであるが、妄想と一つになり、妄想を追っかけまわし、走りまわっているから、妄想が見えずきこえないだけのことである。

妄想が見えるということは、たとえわずかな時間でも坐禅をすることにより、妄想をうつす澄んだ鏡が準備された証拠なのである。

晩秋、しんかんとした森の奥の小径を歩むとき、散りつもる落ち葉を踏む自分の足音の大きさにおどろくことがあるが、ちょうどそのように、坐禅による寂静に照らし出されることによって、妄想の雑音を聞かせてもらうことができるのである。

八　いろいろあるからいいんじゃ

かみしめ味わう

手にあまるほどになりたる節分の
　豆ひとつひとつ いとしみて食《は》む

雲水たちと共に、にぎやかに節分の豆まきをすませ、食堂に集まり、それぞれ自分の歳の数だけの豆をつかみとり、食べる。片手ではつかみきれなくなり、両手ですくうようにして何とか歳の数だけの豆をとり、数えながら思う。

幼ない頃、師匠たちが沢山つかみ、食べているのをうらやましく思った。小さな手で七つか八つつかめばおしまい。〝いいなあ、あんなに沢山食べられて〟と。いつの間にか両手ですくわねばならないほどの年齢になって思う。〝こんなに食べたらお腹《なか》をこわす〟と。二粒三粒食べてあとそっと若い雲水に〝食べてちょうだい〟と渡しながら語る。

「一粒の背景に一年の生命のいとなみがある。よろこび、かなしみ、いろいろある一年という人生を、いとしい思いでかえりみながら味わう。つまり豆の味ではなく、過ぎしわが人生のひと駒ひと駒を、かみしめ味わうという意味なのね」と。

乱行欠字あるがよろしく候

ある日、茶道の師範をしている田島という方が、一幅の軸を持参された。「福は外」と外題のある大津絵である。開いてみたら、福袋を背負った福の神を、鬼が豆を投げつけて追い出している図柄であり、すでに何回か床に掛けて使われた軸である。〝この絵に賛を入れてほしい〞という。箱の中に、この絵に添えられた歌が入っていた。

　　吾という心の鬼のつのりなば
　　　などてか福の内に入るべき

と書かれてあった。〝私が、私が、私さえよければ〞という自我中心のところへは、福の神のよりつく場所はないよ、という誡めの歌である。「こんないい歌が添えられているから、いいじゃないの？」という私に対して、「わかりますが、おもしろくないです。先生のお歌がほしいです」というので、しばらくあずかることにした。

正月を迎え、そろそろ節分がくるというある日、田島さんから電話が入った。「そろそろ節分が参りますので、おあずけした軸をちょうだいに参りたいと思います」という。さあ大変、大忙ぎで軸をひろげ、あらためて絵を見つめる私の頭に一つの歌が浮かんだ。

鬼となり仏となりて遊ぶ吾を
　つつみて春の光のどけし

早速に墨をすり、お軸に書き初めた。「鬼となり仏となりて遊ぶ吾を　つつみて春の光」まで書いたら電話が入った。筆をおいて電話に出、再び筆をとって書いて、気がついた。「のどけし」の「の」が脱けて「どけし」と書いてしまったことに。表具してある軸に直接書いているわけであるから、書きなおしはできないし、原稿用紙ではないから横へ書き足すわけにもいかない。脱字のまま観念して電話を入れた。「書けました。とりにきて下さい」と。

すぐにとんでこられた田島さんに私は、「ごめんね。『の』の字が脱けちゃったの」とあやまったら、田島さんの応待もみごと。「まが抜けなくてよかったですなあ」と。

仏の御手の真只中につつまれ、いだかれながら、ときに鬼を出してみたり仏を出してみたりのお互いの人生。それを春の只中に遊ぶ事にたとえての歌である。歌の説明をききながら田島さんがうれしそうに云った。

「不思議ですなあ。今まで何度も掛けて節分の茶事をして参りましたが、いつも鬼は鬼の顔でしかなかったのですが、このお歌をいただいたら鬼が笑って見えますな。〝俺、さっきまで福の神の役だったけどなあ〟といっているようですね。これでいい節分の茶事ができます。」

私はふと思い出してもう一言つけ加えた。

「『月も雲間のなきはいやにて候』と語った茶の湯の開山と呼ばれている村田珠光の言葉に、『軸は乱行欠字あるがよろしく候。竪横そろって真に書けるは劣る』というのがあるんですよ。隈なき月より雲間の月をよしとし、軸も欠字もなく竪横もそろい、きちんと書かれたものよりも、欠字があり、行も乱れていたほうがよいというんですよ。これ、乱行欠字あっていいでしょう」と。思わず呵呵大笑したことであった。

良寛さまの書には欠字が多い。書きおとしたらそのままに、書きなおすことをされなかったのであろう。

考えてみたら人生は乱行欠字だらけ。予定通りにはいかない。あとでやりなおしもできない。珠光は一幅の軸に人生を見ておられたのではなかろうか。

かつて名月の夜、雲水たちと月見をしたことがあった。ある年はあまりに晴れ渡たり、感動はしたが、変化がないので退屈してアッというまに部屋へひきあげてしまった。ある年は台風近しの感じで、雲と月が追っかけっこをしているようだ。雲にかくれたな、と思うと、そっと雲から顔を出しはじめ、たちまち全身をみせてくれたのかと思うと、また雲に姿を消す。あまりの変化のおもしろさに思わず雲水たちと時を過ごしながら、あらためて珠光の「月も雲間のなきは嫌にて候」の心を思ったことであった。

いろいろあって退屈しない

曹洞宗師家会というものがあり、年に一度、全国の僧堂（修行道場）を会場持ちまわりで総会を開く。ずいぶん古い話になるが、長崎の皓台寺様が会場になったときのこと。長崎空港に降り立った。久しく自坊の無量寺（塩尻）の参禅会員として熱心に通っておられた矢島君が、空港へ迎えに来てくれていた。参禅会に通えなくなったその上に、転勤先の仕事のこと、家庭のことなど、つもる悩みを私に聞いてほしくて、空港から皓台寺までの四〜五十分の間をそれにあてようというのである。

たまたま余語翠巌老師が師家総会に出席すべく、侍者の方と共に飛行機から降りて来られた。「老師さま、よろしかったら御一緒にどうぞ」と、後方の席に乗っていただいた。矢島君はこの機会をのがしたら私に話を聞いてもらえないというので、余語老師にことわり、運転しながら山々の話を語った。老師も矢島君が気楽に話せるようにと心を運んで下さったのであろう。侍者の方と談笑しておられた。やがて皓台寺の山門に到着し、降り立たれた老師が、やさしい笑みをたたえながら矢島君に語りかけられた。

「矢島君とやら、ごくろうさんでしたな。人生はな、何もなかれと願うけれど、何もなくてみい。退屈でかなわんぞ。いろいろあるからいいんじゃ」

と。そして皓台寺の山門の方へと歩を進められた。矢島君は「ハアー」と頭を下げた。軽い笑みをたたえながら。老師の一言で矢島君が前うしろに背負いこみ、抱きこんでいた荷物が、音たてて地に落ちたような思いがして、私も思わずほほえみながら、矢島君の手をにぎった。

「いろいろあるからいいんじゃ。何もなくてみい。退屈でかなわんぞ」

人生の旅路の中で、七顚八倒して何も見えなくなったとき、この言葉を思い出し、自分に語りかけてみよう。違った世界が開けてこよう。

波高き朝もあればしずかなる
夕《ゆうべ》もありて船路たのしも　　（平成六年　勅題「波」によせて）

九　沈黙のひびきをきく

炉辺に松籟を聞く

梢をわたるはるかな風の音、つくばいの音に耳を傾けながら、無心に進むお点前《てまえ》を拝見しているうちに、釜がサワサワと松籟《しょうらい》の音（煮えの音）をたてはじめた。茶碗に湯を汲む前に一杓の水が釜に入れられた。茶の香りを消さないため、湯加減をしたのである。一瞬煮えの音が消えた。消えた瞬間、茶室の静けさが一層深いものとなり、やがてまた松籟がもどり、次第に高まってゆく中を、次々とお茶が点てられ、末客に到るころ、松籟は遠波《とおなみ》がひくように静まっていった。

茶人は釜の湯の煮えの音を三段階に聞く。炭がおこり、チチ、チチチ…と湯が沸き始めるころを蚯声《きゆうせい》と呼ぶ。ミミズの声である。火声が強まるにしたがい、サワサワ、サワサワと、文字通り松の梢をわたる風そのものの音を奏ではじめる。これを松籟と呼ぶ。お茶を点てるにもっともふさわしい湯加減とされている。点前が終るころ火勢もしずまり、波が退くように煮えの音が遠のく。これを遠波《とおなみ》と呼ぶ。

蚯声、松籟、遠波、火勢による煮えの音の序破急。これは時の歩みの足音でもある。遠くにつくばいの音、炉辺に松籟の音、この主流音を織りなして袱紗《ふくさ》さばきの音、茶杓《ちやしやく》のお茶碗を打つかそけき音、柄杓からこぼれ落ちる湯や水の音、主客の幽かに畳をする足の音、この深い静けさの中で、主客の間に大事な言葉だけが交わされる。

部屋があたたまったからか、掛け花に活けてあった椿がポトリと落ちた。皆がハッとするほどに大きな音に聞こえた。

音たてて椿落ちたり夜咄《よばなし》の
灯火かすかにさすらぐなかを
（夜咄＝夜の茶事。平成二十六年「静」）

やがて弟子たちが皆帰り、しずまりかえった小間の貴人口の障子を開け放ち、深い闇に目を遊ばせる。弟子たちが点前をしたり片づけをしているうちは、おりおりにかすかにしか聞こえなかった水琴窟の音が、おどろくほどの大きさとなり、漆黒の闇の中に澄みとおってゆく。

独り坐す夜のしじまを水琴窟の
歌のしらべの澄みとおりゆく
（平成七年「歌」）

独り坐す夜のしじまを水琴窟の歌のしらべの澄みとおりゆく

水琴窟の音が急に大きくなったわけではなく、昼も夜も変らぬ調べを奏でているわけであるが、周囲が何となくざわめき、同時に聞く側の心が波立っていると、聞こえないだけのことである。永平寺の摂心《せっしん》で気づいたことを思い出した。

永平寺の摂心に何度か参禅させていただく機会を得た。永平寺は建物と建物の間を水が流れている。どの建物へ行っても谷川の音が聞こえてくる。

坐禅堂に坐り、止静《しじょう》（坐禅の始まる合図）が入り、堂内の静寂が深くなるのと比例して、流れの音が次第に高くなってゆく。やがて経行《きんひん》（歩く坐禅）になり、堂内が衣ずれや咳ばらいなどで少しざわめくと、流れの音は低くなる。経行が終り、抽解《ちゅうかい》（休憩）となり、お手洗いなどに皆が行きはじめると、流れの音は全く聞こえなくなってしまう。谷川は変りなく流れの音を奏でているのであるが、聞く方の心がガタガタと波立っているため、聞こえないだけの話である。抽解時間（十分程）が終り、坐にもどり、止静が入り、堂内が静まると、流れの音が次第に高くなる。

一週間の摂心を通してしみじみと、心の波が静まらなければ、ほんとうの世界は見えもせず聞こえてもこないのだと、あらためて思い知らされたことであった。

現代は静寂を失ってしまった時代。喧騒の中に大切なものを忘れてしまっている時代といえよう。世界に誇る日本の伝統文化の一つは、仏教に、禅に裏打ちされた静寂の文化、沈黙の文化といってよいと思う。中でも茶の湯は「静寂の芸術」の代表といえよう。静は環境の静けさ、寂は心の静けさといってもよいのではなかろうか。その静寂の極まったところ、それが坐禅なのであろう。

寂然と坐するしゞまをいん〳〵と
暁の鐘鳴りわたりゆく　（平成二十六年「静」）

西洋は言葉の文化、東洋は沈黙の文化

平成十一年の初秋、東京・朝日カルチャーセンターで、カルメル会の奥村一郎神父と「宗教の壁をこえて」というテーマで対談をした。十余年の歳月をこえて、昨日のことのようにその時の一言一言がよみがえってくる。

「西洋は言葉の文化であり、東洋は沈黙の文化である」
「沈黙は言葉なしでも存在できるが、言葉は沈黙なしに存在できない」
「沈黙が人間の根底に生きているときの言葉は美しくひびくが、沈黙のない言葉は枯れ草のようだ」

これらの言葉は、対談の折に神父さまが語られた言葉の中から、特に心に残ったものを拾ったものである。東洋の沈黙の文化の深さについて語られた神父さまは、かつて毎日新聞の「余録」欄で〝音楽の原点は無音だ〟と書かれていた記事のことを思い出され、紹介して下さった。

最近の若い人たちの聴感覚は何かに侵されているようだ、とオーディオ評論家の藤岡誠さんが心配している。特に静寂に耐えられない若者が多い。音がないと不安感を訴える。つまり無音に弱い。のべつまくなしガンガンと連続音だけのロックを平気でたのしんでいる。音に強弱があり、強より弱が支配するクラシック音楽ではソワソワして落ちつかない。オーディオ・フェアでもクラシック音楽になると途端に一人また一人と抜けていく。（中略）音や音楽の原点は静寂や無音にある。これに弱いというのは、聴覚の基点の崩壊を意味しているのではなかろうか、と藤岡さんは言う。

（一九八三年八月十六日付朝刊）

さらに神父さまは、マックス・ピカートの『沈黙の世界』という名著の中の一節、

音楽は夢みながら響きはじめる沈黙なのだ。音楽の最後の響きが消え去ったときほど、沈黙がありありと聞こえることはない。（佐野利勝訳『沈黙の世界』みすず書房）

という言葉を引用しながら、「『古池や蛙とびこむ水の音』という芭蕉の句は、『水の音』と表現されているものの『音』ではなく、沈黙の音である。音によって生ずる『沈黙の響き』

である」と語られた。「沈黙がありありと聞こえてくる」とか、「沈黙の響き」という表現に私は思わずうなってしまった。

余語翠巌《よごすいがん》老師が好んで揮毫《きごう》された言葉に「鳥鳴山更幽」――鳥鳴いて山更に幽《しずか》なり（宏智広録《わんしこうろく》）――の一句がある。鳥が一声鳴くことによって、山の静けさを破るようであるが、むしろその一声によって山の静けさを深いものにし、山の飾りとなっているというのである。〝蛙とびこむ水の音〟を通して響き出す静寂の音を聞けというのと、全く軌を一にしているのではないか。

世界に誇る日本の静寂の文化が、過去のものとなりつつあることは残念でならない。

Ⅲ　百千草きらめきて

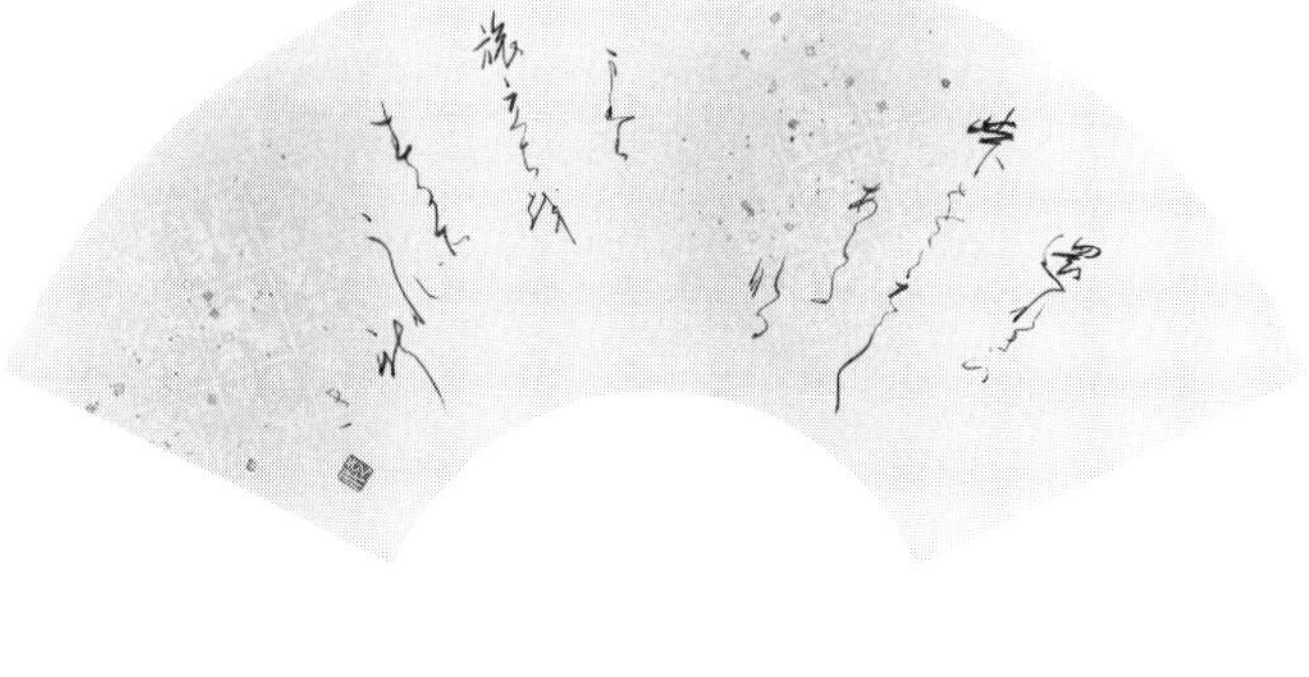

一　雑草として除くか景色として生かすか

煩悩を草にたとえての教え

中国・唐時代の禅の巨匠で、曹洞宗中興の祖と呼ばれる洞山良价禅師のもとで三ヶ月九旬安居（インドの雨期三ヶ月九十日間を一つの修行の単位と定め、一夏安居または雨安居と呼び、釈尊時代以来今日に至るまで行われている）を終えた日、洞山さまは修行僧たちに語られた。

「これから皆さんは東へまたは西へと旅立ってゆかれるわけだが、千里万里、草一本もない清らかなところへ向かって行きなさい。さて、その草一本もない理想的なところというのは、いったいどんなところで、どう尋ねていったらよいものであろうか」

すると法の上で従兄弟にあたる石霜という方が、「千里万里どころか、門を一歩出たらもう草だらけですよ」といい、大陽は「門を出なくたって草だらけですよ」という。

この物語は、禅の代表的語録である『従容録《しょうようろく》』の第八十九則「洞山無草」と題する話《わ》に出てくる話である。一応本文を紹介しておこう。（原漢文）

「洞山衆に示して云く、秋初夏末兄弟あるいは東しあるいは西す。直にすべからく万里無寸草の処に向かって去るべし。また云く、ただ万里無寸草の処の如き、作麽生か去らん。石霜云く、門を出れば是れ草。大陽云く、直にいわん門を出でざるもまた是れ草漫々地」

洞山さまは何も草の話をしておられるわけではない。草にことよせて人生修行のあり方を問いかけておられるのである。「万里無寸草の処」、つまり煩悩妄想を草にたとえ、一点のかげりもない清浄な悟りの境涯を求めて旅立ってゆきなされ、さてそういう処というのはどういうところで、どうやって行ったらよいと思うか、と問いかけられたわけである。それに対し、石霜は「門を出たとたんに煩悩妄想だらけだ」といい、大陽は「門を出なくたって妄想だらけだ」という。

門というのは六根門のこと。六根というのは信仰の山へ登るとき「懺悔〳〵六根清浄」と唱えながら登る、あの六根である。つまり眼耳鼻舌身の五感に意を加えたもので、外界から入ってくるものを受け入れる側の主体となる私の身心をいう。姿や形を持っているものは眼という門から出入りし、音声は耳という門から、香は鼻から、味は口とか舌からというように。この六根の対象となる色声香味触法を六境と呼ぶ。

問題は向うにあるのではなく此方にある

われわれは朝から晩まで、どこへ行っても、煩悩妄想のお相手となるものにとり囲まれている。美しい人に会う、あんな人と一緒になれたらいいなあと思う。さいわいに結ばれて月日が経ち、やがて顔を見ただけでもムラムラと腹が立ってくる、そんな日もやってくる。快い声や香りにひかれ、あるいは逆に心がかきみだされ、また美味しいものや好きな酒にブレーキがかからず、暴飲暴食のはてに病気になってみたり……。見るもの聞くもののことごとくが煩悩の対象、というのが「門を出ずればすなわちこれ草」というのである。六境が六塵と呼ばれるゆえんである。しかし六境がイコール六塵ではなくて、六境をして六塵に落とすか落とさないかは、六根側、つまり私自身の側にあるということを忘れてはならない。

私がご縁をいただいている名古屋の修行道場には、クヌギやナラの大木が何本もあり、門や塀や道路をおおっている。春の新緑、秋の落葉が武蔵野を思わせてうれしいといって、門前に引っ越してこられた方がおられる。「窓から毎日たのしませていただいておりますですよ」と礼をいいながら、落ち葉もよろこんで掃いて下さる。もう一軒の方は「落ち葉が自分の庭まで舞いこんできてかなわんから伐ってくれないか」と申しこんでくる。修行僧の方の反応もさまざま。「桐一葉、落ちて天下の秋を知る」とばかりに落葉の姿に自分の人生の歩みを重ねて考えるもの、落ち葉焚きの熱灰の中へさつま芋をしのばせて焼き芋をたのしんでいるもの、「あーあ、また掃除をしなきゃならないなあー」と、愚痴の対象としてしか受けとめられないもの、いろいろあっておもしろい。

生老病死が人生の道具だて

道元禅師が晩年にお説きになった御文章の中に、

「もし人生死のほかに仏をもとむれば、ながえを北にして越《えつ》にむかい、おもてを南にして北斗を見んとするがごとし。（中略）ただ生死すなわち涅槃《ねはん》とこころえて、生死としていとうべきもなく、涅槃としてねがうべきもなし。このとき、はじめて生死をはなる る分あり。（中略）この生死は、すなわち仏の御いのちなり。これをいとい捨てんとすれば、すなわち仏のいのちを失わんとするなり」

というお言葉がある。この「生死」という言葉に「草漫々」という言葉をあてはめ、「涅槃」という言葉に「無寸草」という言葉をあてはめて、別の角度からもう一度この「洞山無草」の話を考察してみよう。

道元禅師は生死、つまり泣いたり笑ったり、愛したり憎しんだりして生活している毎日のわれわれの人生のほかに、涅槃、つまりよいところ、理想的なところを探し求めようとするのは、車の長柄を北に向けて南の方にある越の国へゆこうとするようなものであり、また顔を南に向けて北斗七星を見ようとするようなもので、見当違いもはなはだしいよ、とおっしゃる。

生まれる日あり老いる日あり、病む日もあればやがて死んでゆく日もある。愛する日、憎

百千草きらめきてみゆしとどなる露に朝日の影のやどりて

しみに変る日、さしのぼる朝日のようなときも、秋のつるべ落としの太陽のように没落してゆかねばならないときも、いろいろある。それが人生の道具だてであり、どこかに仏の家があるわけではなく、この私の人生の道具だてがそのまま仏の家の道具だてだとおっしゃる。同じ一つの道具だてを、いとうべき生死と受けとめるか、ねがわしき涅槃と受けとめるか、別ではないよ、問題は向うにあるのではなく、此方にあるのだよとおっしゃる。

光に出会うことによって光る

浜名湖に船を浮かべ船上施餓鬼をしたときのこと。波という波のすべてに夏の太陽がおどり、浜名湖全体が光のじゅうたんのような美しい姿を見せてくれた。一周して方向を変えたとたんに湖面の様相は一変し、重く鉛色によどんだ水がノタリノタリとしているだけとなった。波頭に光を受けるか受けないか、どちらの方角から眺めたかだけでこれほどに姿を変える湖を見つつ思った。同じ人生も、仏の光に出会えるか否かで、いとうべき生死流転《しょうじるてん》の人生ともなれば、ねがわしき涅槃寂静《ねはんじゃくじょう》の人生ともなるんだなと。

百千草きらめきてみゆしとどなる
露に朝日の影のやどりて　（平成十三年「草」）

さまざまに起き伏す人生の山坂はすべて人生の道具だてであり、人生の飾りであり、その一つ一つを積極的にたのしみ味わっていけとおっしゃる。苦に導かれてアンテナが立ち、仏の教えに出会い、その光に照らし出されることにより、摘みとって捨てようとした草々が、人生行路を飾りたのしませてくれる草々と変貌するのである。

二　ほほえみで喜びの花を咲かせよう

笑顔を忘れた母親

私のおかあさんは　私が学校から帰ると
「おかえりなさい」と
いつもにっこりしながら　いってくれる。
どんなおもしろくないことがあっても
「おかえりなさい」ということばで
もりもりと　元気になる。
おかあさんの「おかえりなさい」ということばを
日本じゅうの三年生に
きかせてやりたいなあと
いつも私は考える。

これは北海道の小学校三年生の古旗裕子ちゃんの「おかあさん」と題する詩である。福島県郡山市の全盲の詩人、佐藤浩さんが、昭和三十年代から六十年代に至る約三十年間に、児童詩誌『青い鳥』に寄せられた誌の中からお母さんに取材した作品を選び、『ママ、もっと笑って』と題した本を出版した。この詩も、その中の一つである。

佐藤浩氏は、児童詩を通して、子どもをとりまく環境がどう変化してきたかを、四項目にわけて整理しておられるが、その第一番目に「子供達から遠ざかったもの」として、「自然、働く父の姿、母の笑顔」の三点をあげ、更に気づいたこととして「遠ざかったのは母親の『笑顔』だけではなく、その前に母親の目が子供の実像から遠ざかっている」ということを指摘しておられる。

女性が家を出て社会に進出し、また職業を持つことで生き甲斐ある人生を送ることは結構なことではあるが、そのことの蔭に、子供や家庭が犠牲になっていはしないか。明日の世代を、人類の明日を背負う子供を育てるという、何よりも大切で、しかもまったなしの一大事がおろそかになっていないか。その一大責任を双肩に背負っているのだという自覚さえもないのではないか。

男性と肩を並べて社会に立ち働き、生き甲斐を求め仕事や金や名誉を追いかけ、疲れ果てて帰るその肩に、更に主婦業と母親業の荷物を背負いこむことは、いかにも重荷すぎよう。

つい不機嫌になり、また、インスタント料理ですますということにもなってしまう。疲れた母親の耳には、もはや子供や御主人の心の叫びは聞こえず、見えもしなくなってしまい、その結果、家庭は不毛の地となり、人間の心を育てる場ではなくなりつつあるというのが、現代の姿ではないであろうか。

「勉強しなさい」　またお母さんに叱られた
ノートにお母さんの　怒り顔を書いてやった
かみの毛がぼさぼさで　耳が立っていて
つのが出ている。まるで　鬼のようだ。
ぼくは「ヒヒヒ」とわらった
でも　あとで　ごめんなさい　と言った
（福島　小四　藤崎剛志）

この「ごめんなさい」の声が、家庭や子供から心が宙に浮いてしまっているお母さんの耳には聞こえない。しつけに関するアンケート調査で圧倒的に多い答えは、「素直に『ごめんなさい』と云える子に育てたい」というのだそうである。しかし子供は皆すなおで、心の中では「ごめんなさい」と云っているのである。だが恥ずかしくて面と向って云えないだけのこと。その心の中の「ごめんなさい」を、大きな目と耳を開いてききとってやってこそ、お母さんなのではなかろうか。教育の場に立つ教師にも同じことがいえるのであるが。かくてはじめて子供達もすこやかに育つというものであろう。

母のふところに帰りたいという願望

教育心理学者の伊藤隆二氏は、「子どもは、寂しくなったときも、悲しくなったときも、そして嬉しくなったときも、真先に『母』を求める。母を求めてひた走りに走る。そして『母』という不思議な世界に包まれて、心から安らぐのである。専門用語で『子宮回帰願望』というのであるが、子どもは意識の下で、かつて過したもっとも安定した『場』である母の胎内に帰りたいという願いをもっている」と語っておられる。

子どもばかりではない。人は生涯、その思いを深いところに持ちつづけているのではなかろうか。私の知人のお兄さんは大東亜戦争に出征し、とびくる弾丸の中をくぐり抜け、飢えとたたかい、奇跡的に生還することができた。〝母に会いたい〟〝母のもとに帰りたい〟、その一念に支えられ、ようやくの思いで故郷の地を踏むことができた。その間、息子の無事を祈って陰膳を供えつづけた母は、息子の帰るのを待てずにこの世を去った。駅に迎えに出た弟の顔を見たお兄さんの口から最初に出た一言は「おふくろは?」であった。弟は思わず絶句した。〝母はもうこの世にいない。しかしどうして兄にそれを伝えられよう!〟。あふれる涙をこらえて絶句する弟の姿を見たお兄さんは、生きる支えを失ったかのようにヘタヘタとそこへ座りこんでしまった……。その時のことを語る度に、知人の眼にも涙があふれていた。

母の存在は、子供の時代ばかりではない。生涯にわたって心の支えなのであり、だからこそ、母になることの使命の重大さを自覚せねばならないと思うのである。

更に伊藤隆二氏はヨーロッパでの見聞として、情緒不安に陥り、暴力を振るう子どもの「心理治療」として、もっとも有効な三つの方法をあげている。
(一) 子どもが心理治療士の大きな腕のなかで、何時間も何時間も抱かれること。
(二) 狭い、暗い部屋で、ひとり瞑想にふけること。
(三) 土にまみれる生活をすること。
土のことを英語ではグレート・マザーという。つまり母なる大地で、ここにも母に抱かれて安らう姿がある。

沖縄の墓は亀甲墓と呼ばれている。亀の甲羅の形をしているということであろう。この墓の入り口は一ヶ所で小さくつくられており、母の子宮を意味するとも云われている。つまり亀甲墓は母の子宮を型どったものであり、ここより生命をいただき、またここに帰り、永遠に母なるふところに抱かれて安らうというのである。逝く方にとっても送る方にとっても、「母のもとへ還る」という思いは、死の恐怖をやわらげ、超えさせる大きな力となろう。ここにも「子宮回帰願望」の姿が見られるといえるのではなかろうか。

「子供にとって原点ともいえるその『母』が、〝鬼〟になり〝悪魔〟になって子供を苦しめ始めた。『母』の最大の役割は、安らぎの『安』の漢字が示すように、『家の中で、やさしく、おおらかに、そしていつでも微笑んでいる女性』であること、そのことにあるのに、その『母』が子供を叱り、急がせ、勉強をせまる〝調教師〟になってしまった」と、伊藤氏は更に語る。

地蔵菩薩の真言は「オン　カカ　カビサンマエイ　ソワカ」である。「カカ」は「訶々大笑」の「訶々」で、「ハハ」と音通で、共に笑い声をあらわす。「カビサンマエイ」は「莞《かん》爾《じ》」と訳され、にっこりとほほえむさまをいう。日本の古来のお母さまの呼び名は、「カカさま」「ハハさま」であった。笑い声を象徴する「カカ」「ハハ」からとられた呼び名であるといわれている。いついかなる時も、おおらかな笑い声と、あたたかくやさしいほほえみを忘れないお方、それが地蔵菩薩の誓願のお姿であり、同時にあらまほしき母なる姿なのだという。カカさまハハさまと呼ばれた古きよき時代を、今によみがえらせたい思いである。

天地にわれ一人いて立つごとき
　このさみしさを君はほほえむ

これは法隆寺の夢違い観音を詠じた会津八一先生の歌である。限りない衆生の、いつ果てるとも知らない悲しみ苦しみを、わがことと受けとめ、涙しつつ、祈りつつ、しずかに笑みたもう、それが仏のお姿である。

亀井勝一郎さんは仏のほほえみを「慟哭寸前のほほえみ」と表現された。わが子の悲しみをわがことと受けとめ、涙しながらしずかに見守り祈る、それが母の、そして仏の深いほほえみであり、子供は、そして人生の旅に疲れはてた衆生は、その前にすべてを投げ出して坐る。それだけで限りなく安らいでゆくのである。

涙をば深きに秘めて笑みたもう
君がみ前にしずもりてあり　（平成十八年「笑み」）

平成十八年の勅題は「えみ」であった。「笑い」を意味する熟語を調べてみる。「微笑」にはじまり、まん中に一字加わって「微苦笑」となると、だいぶ意味が違ってくる。「嬌笑《きょうしょう》」はあいきょうわらい、「哄笑」「大笑」「爆笑」はカラカラと大声であるいははじけるように笑うこと。「失笑」は笑ってはならないとき、こらえきれずに笑ってしまうこと。「嘲笑」「冷笑」はひややかにあざわらうことで、あたたかいほほえみとは対極をなし、人の生命をちぢめかねない冷酷さを持っている。「諂笑《てんしょう》」はへつらい笑い、作り笑いをして人の機嫌をとることであり、更には「一笑に付す」とか「談笑」とか……。いくらでも出てくる。少なくとも人の心を氷らせるような冷笑、嘲笑だけはつつしみたい。

愛の教育に生涯をかけた東井義雄先生の愛弟子の八ツ塚実先生は「人間科」という授業の第一講に「『笑い』を洗い直そう」と呼びかけ、「いじめは、笑いながらエスカレートする」

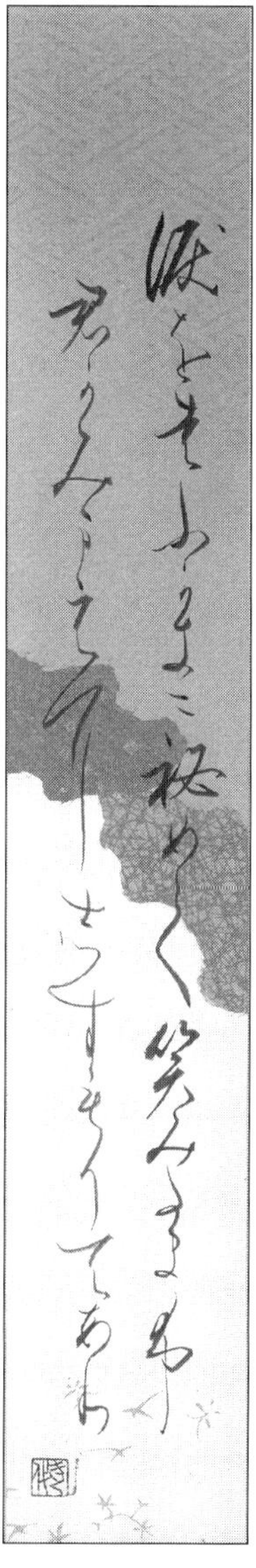

涙をば深きに秘めて笑みたもう君がみ前にしずもりてあり

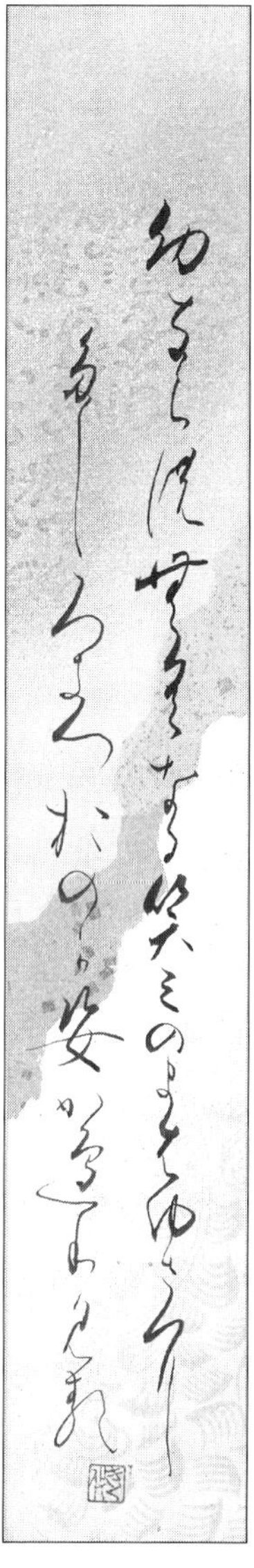

幼ならの無垢なるえみのまばゆさにたじろぎつおのが姿かえりみる

と警告を発しておられる。まさに「冷笑」「嘲笑」の類といえよう。

更には、笑いには「つくられた笑い」と「自然発生の笑い」の二つの流れがあり、職業として、「笑いをつくる」人たちもさることながら、日常生活の中にはびこっている「笑わせ根性」は、一つまちがうと、笑ってはいけないことで笑わそうとするなどの無理があり、下品な笑いに堕しかねない。笑いの質にこだわろうじゃないかと、重ねて呼びかけておられる。

幼ならの無垢なるえみのまばゆさに
たじろぎつおのが姿かえりみる

中原中也の詩に「汚れちまつた悲しみに」という詩がある。同じように、いつの間にか笑いさえも人間の分別の垢に汚れてしまい、汚れてしまっていることにさえ気づいていない大人たち。一軒に幼な児がいると、家中の人々の心が安らぎ、明るくなるという。無垢なる幼な児のえみに救われるのである。同時に汚れてしまった自分のえみが、幼な児のそれによって浮き彫りされてきてハッとする。私は毎日、どんなえみを周囲に配って歩いているであろうかと、厳しく自分に問いつづけねば、と思うことである。

医者から見放された病人が、どうせ駄目な生命なら、残されたわずかの月日を、笑って笑って、笑いとばしてすごそうと、そういう本を枕元に積み、一日中笑い通しに笑っていたら、病気がなおってしまったという話を聞いたことがある。

「なるほど」と感心していた矢先、ある雑誌の誌上対談の中で、遺伝子工学では世界をリードしている研究者の一人である村上和雄先生（筑波大学名誉教授）が、〝心の持ち方で遺伝子のスイッチがオンになったりオフになったりすることは間違いない〟とし、〝笑いという心の働きかけにより遺伝子をオンに切りかえて生きよう〟と呼びかけておられることを知った。

昔から「病気」とは「気を病む」と書き、その「気」「心の働きかけ」「立ちあがり」のあるなしによって、たとえば癌抑制遺伝子がオフになって働かなくなってしまったり、オンになって働くことで癌が治ったりするという事実を、最先端の科学が今実証しつつあるのだという。

胸を露《あらわ》にし足を跣《はだし》にして鄽《まち》に入り来る
土を抹《まつ》し灰を塗って笑い顋《あぎと》に満つ
神仙真秘《しんせんしんぴ》の訣を用いず
直ちに枯木をして花を放って開かしむ

これは人生修行を牛飼いにたとえた『十牛図』の第十番目「入鄽垂手《にってんすいしゅ》」に添えられた廓庵師遠《しおん》禅師の偈の一部である。修行を終えた人が人々の中へ入ってゆく姿を描いたもの。

泥だらけ、灰だらけになり、ちょうど藁《わら》くずにまみれて子供とかくれんぼする良寛さまのように、人々と全く一つになりきっている姿を表わす。顔中、体中にたたえられたこぼれるような笑みは、出会う人の心をあたため、安らかにし、生きる力を与えるというのである。神通力だの霊能だのという手段を用いず、そのお方《かた》がそこにおられるというだけで、そのほほえみに接するというだけで、あたり一面に花が咲いたように、人々の心に喜びの花を咲かせるというのである。『花咲かじいさん』の物語の心はこれであったなと気づき、また道元禅師の「ただまさにやわらかなる容顔をもて一切にむかうべし」(『正法眼蔵・菩提薩埵四摂法』)のお心もこれであったなと、うなずかせていただいたことである。

三　闇に導かれて光に出会える――勅題「光」によせて

天地のお働きを光にたとえ

インド・仏迹巡拝（平成十九年十一月）の旅の六日目の早暁、私はガンジス河に浮かぶ小さな船の上にいた。海ともまごう洋々たる流れの、はるか彼方、明けきらぬ薄明の中を、水と空をわかつ一線の彼方に、金色の太陽が昇りはじめた。息をつめ、思わず合掌して見つめている私の方に向かって、太陽の光はまっすぐに走り、たちまち光の航跡ともいうべき波のきらめきが、太陽と私を一直線に結んだ。

船は上流から下流へと移動しているのであるが、どう移動しても太陽の光は、太陽と私を結ぶ光の航路は、一部のずれもなく私にまっすぐ向かったまま、どこまでもどこまでも、照らしつつ、包みつつ、ついてきてくれる。私一人のために。

いや、私一人のためだけではない。船上のすべての人に、河岸で祈り、また沐浴しているすべての人に、まっすぐに、等しく光をとどけてくれているのであるが、しかもそれぞれがみな〝私一人のために〟と見えることの不思議さ。インドの人々がガンジス河に沐浴しつつ、河の対岸より昇る太陽を伏し拝む心が、そしてその太陽の働きを神格化した心が、この光景をまのあたりにすることで納得できたような気がする。

東大寺大仏は毘盧遮那仏《びるしやなぶつ》（梵語）と呼ばれ、「輝きわたるもの」「光明遍照」と訳し、密教では大日如来となる。日本の天照大神も同じで、はかりしれない神や仏の御働きを、太陽の姿にたとえたものと云いかえることもできよう。

船がどう移動しても、私と太陽を結ぶ光の航路は少しのゆらぎもなく私によりそい、私を照らし、包みつづけて下さる。その深い感動の中で私は榎本栄一さんの詩を思った。

あるく

私を見ていてくださる
人があり
私を照らしてくださる
人があるので
私はくじけずに
こんにちをあるく

一つ生命《いのち》に生かされている兄弟

私を見守り、私を照らし、私をつつみ、生かして下さっているその御働きは、地上のすべてを、人ばかりではない、すべての上に平等に働きかけていて下さる。一切のものは、自覚するとしないとにかかわらず、その御働きをいただいて、その日その日を暮らしている。

地上の一切のものは、この一つの働き、天地いっぱいの仏の御生命《いのち》に生かされての兄弟・姉妹なのである。

『従容録《しょうようろく》』という禅の語録の中に、「百草頭上無辺《ひゃくそうとうじょうむへん》の春、手に信《まか》せ拈《ねん》じ来たり、用い得て親しし」という七言二句が登場する。

地上にあるすべてのものの上に、全く平等に一つの春が訪れ、その春の息吹につつまれ、春のエネルギーをいただいて、梅や辛夷《こぶし》は丈高く、しかも春に先がけて咲き、すみれやタンポポは地にはりつくようにして、しかも春なかばに咲くというのである。具体的な花の開き方に高下あり遅速はあろうとも、全く平等に春の命、春の働きをいただいて、それぞれの花を咲かせているというのが、「百草頭上無辺の春」の心である。

いったい何をいおうとしているのか。春そのものは具体的姿を持たない。つまり無限定のものであるからこそ、いつでも、どこでも、という在り方で存在できる。しかしながら決まった姿を持たないものを絵に描くことはできない。春が梅を咲かせ、すみれやタンポポを咲かせるという具体的姿、働きとなって現れたとき、初めて絵として描くことができる。梅やすみれを描くという形で、無限定の春を描くことができる。

仏の御生命《いのち》、御働きは決まった姿を持たないからこそ、天地いっぱいにみちみち、いつでもどこでもという在り方で働きかけつづけていて下さる。その無限定の仏の御生命、御働きを、私は私という姿形をもった人間として具体的にいただき、その働きによって今は筆を動かしている。

雲水の一人は、等しく天地いっぱいの仏の御生命、御働きをいただいて、台所の当番という配役で料理に取り組み、一人は境内の掃除という配役に専念している。

天地いっぱいの仏の御生命、御働きを一身にいただいていることにおいては全く平等（無辺の春）であり、その平等の生命をいただいての今ここの働き、配役は皆違う（百草頭）。草木に長短遅速の違いはあっても、等しく春の姿であるように、人の姿や具体的配役にいろいろあろうと、等しく仏の御生命、御働きとしての書きものであり、台所仕事であり、掃除なのだから、択り好みはせず、手あたり次第、どんなことであろうと、いただいた仕事を、配役を、大切に心こめて勤めあげよ、というのが、「手に信《まか》せ拈《ねん》じ来たり、用い得て親しし」の第二句目の心といえよう。

授かりの私を勤めあげるそこに光明が輝やく

三百年つづいた中国・唐代の栄華にも滅びの影がきざし、宋代に移行する狭間《はざま》の五十年間、五王朝十国が興亡を繰り返した。その間を生きた禅僧に雲門文偃《うんもんぶんえん》（八六四—九四九）がある。雲門宗の祖となった人である。道元禅師はこの雲門をたたえて『正法眼蔵』光明の巻の中で「雲門山に光明仏が出世」されたと語り、雲門の次の語を引用しておられる。

「人々尽く光明の在る有り。看るとき見えず暗昏々。作麼生か是れ諸人の光明在。衆対《こた》うるなし。自ら代って云く。僧堂・仏殿・厨子・三門」

「一人一人どの人にも光明がある。しかし看ようとすると見えない。暗黒の中だ。いったいどのように諸君の光明は輝いているか」の雲門の問いに対し、誰も答えることができない。そこで雲門が代って「僧堂・仏殿・厨子・三門」と答えたというのである。また別のところでは「天は是天、地は是れ地、山は是れ山、水は是れ水」、これが人々の光明だと説いている。つまり僧堂が僧堂の働きをし、厨子（台所）が厨子としてあるべきところにあって、その働きをし、山が山の、水が水の働きを十分に果たし得た時、それがそれぞれの光明三昧の姿だというのである。

相田みつをさんの詩に、

トマトがトマトであるかぎり、それはほんものトマトをメロンに見せようとするから、にせものとなる。

というのがあり、「どじょうがさ、金魚のまねをすることねえんだよなあ」というのがある。トマトがトマトに落ちつき、私が私に落ちつき、私の授かりの生命を、私の今ここの配役を通して十分に生ききる、それが光り輝やく生き方というのである。

煩悩の闇に導かれて光に出会える

ある方のお話の中に「テッポウ（鉄砲）とブッポウ（仏法）は一字違うだけだが、テッポウは外に向かって打ち、ブッポウは自己の内面に向かって打つ」という一言があり、なるほどとうなずかせていただいた。

仏光陽光

仏の光につつまれて
私の中の悪念が
ふとみえる
太陽の光ではみえぬ悪念　（榎本栄一）

自分の内面に向かって打つものは何か。私の内に向かって投げかけ、私の内を照らし出してみせてくれるのは仏の光である。闇は闇を照らし出してはくれない。闇を闇と照らし出し、気づかせてくれるのは、光のお蔭である。

松影の暗きは月の光なり

という古歌がある。松が立っている。暗い影をひいていることに気づかせてくれるのは、月の光のお蔭である。月の光が弱ければ影もうすい。光が明るくなるほどに影も黒々と浮かびあがる。

光のお蔭で煩悩の闇が見えるのであるが、同時に闇のお蔭、煩悩のお蔭で、光の存在に気づかせていただき、光に出会わせていただけるのである。何もない広漠たる宇宙空間に、透明な光がゆきわたっていても、それを光と認識することはできない。闇があって、そこに一条の光がさしてきたとき、光が見え、更にはその光を受けてさまざまな陰影を見せる雲や、影をひく地上の草木たちの姿を通して、光の存在や働きに気づかせてもらえるように。

煩悩の闇に導かれて光に出会うことができるのである。ここに到ると、煩悩は、迷いや悲しみは、光に、仏に出会うための、仏からのたまわりものと喜ばせてさえもらえるようになる。

長野の善光寺の戒壇廻りをしたとき、そのあまりの暗さに足がすくみ、一歩も前へ足を出すことができず、前を歩く人の手にしがみつくようにして歩き、やがてはるか彼方にかすかに光が見えたとき、歩を進めるべき方向がわかり、ホッと安らぎをおぼえたときの思いが忘れられない。漆黒の闇の中で、闇は深いほど、どんなかすかな光であろうと、光に会えた喜びは大きい。釈尊が『遺教経《ゆいきょうぎょう》』の中で「闇《あん》に明《みょう》に会えるが如く」と説かれるゆえんである。

ぬばたまの夜の闇路の深きほど
　月の光のしたわしきかな

露しげき夜の道なれど照らします
　君が光に導かれゆく

伝教大師の言葉に「一隅を照らすもの、これ国宝なり」というのがある。その人がいるだけで周囲をあたたかく明るくする人、その人がいるだけで人々を暗く、いらだたせる人、いろいろある。

小さい頃、お友達と夜、ホタル刈りに出かけた。真黒闇の中で一瞬光るホタルのかすかな光で、足もとの田の畦道《あぜみち》が照らし出され、溝に落ちないですんだことも、なつかしい思い出の一つである。

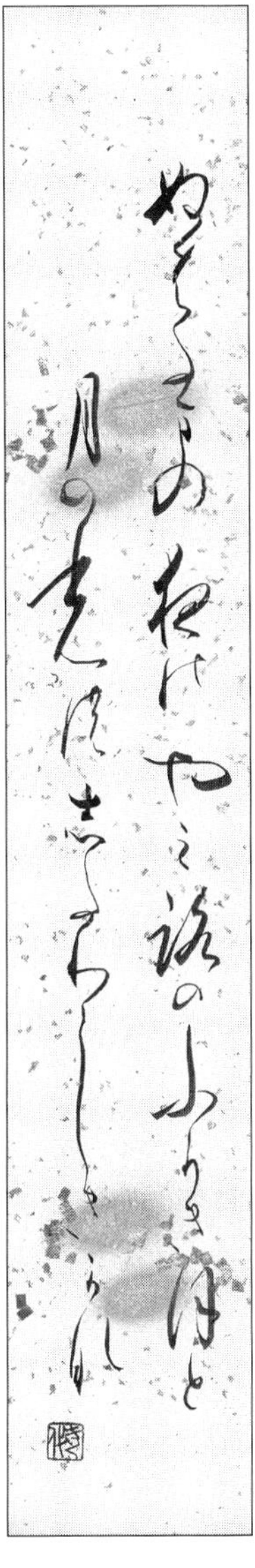

ぬばたまの夜の闇路の深きほど月の光のしたわしきかな

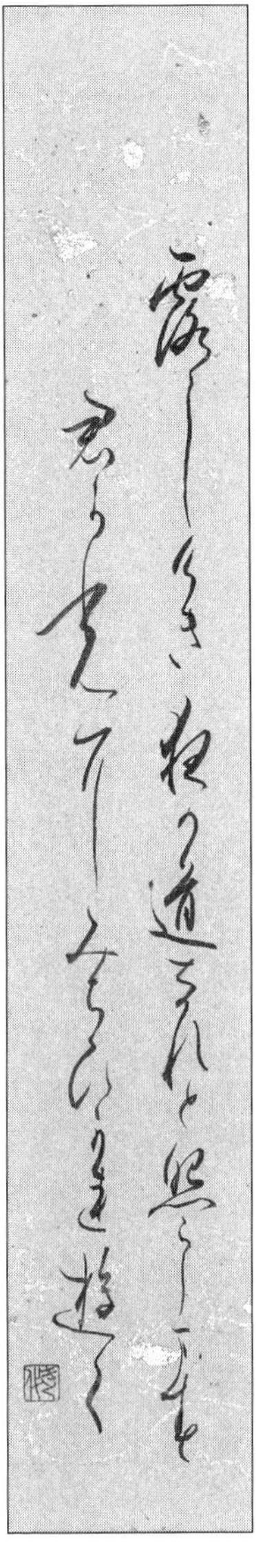

露しげき夜の道なれど照らします君が光に導かれゆく

かすかなる光にてあれど螢火に
照らし出されて露のきらめく

これやそれやで、ある時、秦秀雄先生（井伏鱒二の小説「珍品堂主人」のモデルになった方で古美術評論家）に、「一隅を照らす人間になりたい」と書き送ったところ、「一隅を照らすなどと驕ってはならない。照らされ通しに照らされていることを思え」と、厳しく叱っていただき、ハッと気づかせていただいた日のことを忘れない。

「一隅を照らす人間になりたい」という誓願に生きるのと、「一隅を照らしている」と思っているのとは違う。照らされるほどに自分の中の闇の深さに気づくというもの。光ゆえに闇に気づき、闇ゆえに光に出会えた喜びの中で、限りなく謙虚に、限りなく光に導かれることによって軌道修正しながら歩ませていただこうという誓願に生きる人が、他から「一隅を照らす人」といわれる人なんだということを、深く自誡として歩まねばならないと思うことである。

かすかなる光にてあれど螢火に照らし出されて露のきらめく

四　変わりつつ永遠の生命を生きる――勅題「葉」によせて

変わりつつ永遠の生命を生きる

「――フレディは知らなかったのですが――、冬が終ると春が来て、雪はとけ水になり、枯れ葉のフレディは、その水にまじり、土に溶けこんで、木を育てる力になるのです。〝いのち〟は土や根や木の中の、目には見えないところで、新しい葉っぱを生み出そうと準備をしています。大自然の設計図は、寸分の狂いもなく〝いのち〟を変化させつづけているのです。」

これはアメリカの著名な哲学者、レオ・バスカーリア博士が書いた、生涯でただ一冊の絵本といわれる『葉っぱのフレディ――いのちの旅――』の結びの一句である。

レオ・バスカーリアは、本の初めにメッセージとして、

「この絵本を、死別の悲しみに直面した子どもたちと死について適確な説明ができない大人たち、死と無縁のように青春を謳歌している若者たち……へ贈ります」

の言葉を記し、更に編集者のバーバラ・スラックは、

「わたしたちはどこから来て、どこへ行くのだろう。生きるとはどういうことだろう。死とは何だろう。人は生きているかぎりこうした問いを問いつづけます。この絵本が、自分の人生を『考える』きっかけになってくれることを祈ります。」

の一文を添えている。

すべては変化しつづけている

春、大きな木の梢に近い枝に生まれた葉っぱのフレディは、夏、厚みのあるりっぱな体に成長し、先輩格のダニエルや友達と力をあわせて、人間たちのために木蔭をつくったり、葉っぱをそよがせて涼しい風を送ったりする。やがて秋がおとずれ、霜が降り、葉っぱたちはいっせいに紅葉する。黄に赤に紫に、そしてフレディは赤と青と金色の三色にと変った。いっしょに生まれた、同じ木の同じ枝の、どれも同じ葉っぱなのに、どうしてちがう色になるのか、フレディはふしぎに思い、ダニエルに質ねる。ダニエルは、

「それはね、生まれたときは同じ色でも、いる場所がちがえば、太陽に向き角度がちがう。風の通り具合もちがう。月の光、星明かり、一日の気温、なにひとつ同じ経験はないんだ。だから紅葉するときは、みんなちがった色に変ってしまうのさ」

と答える。間もなく冬が来て、きびしい風にたたかれながら友の葉っぱたちは次々と引っこしをしていく。「引っこしをするということは……死ぬということでしょ?」と質ねるフレ

ディにダニエルは、

「世界は変化しつづけているんだよ。変化しないものはひとつもないんだよ。春が来て夏になり、秋になる。葉っぱは緑から紅葉して散る。変化するって自然なことなんだよ。……死ぬというのも変ることの一つなのだよ。――でも〝いのち〟は永遠に生きているのだよ」

と答え、その日の夕暮れ、金色の光の中を、ダニエルは枝をはなれていった。「さようなら」の一言を残して。ひとり残ったフレディも翌日の明け方、迎えにきた風にのって枝をはなれ、雪の上にそっとおり、ねむりについた……。

アンソニー・フリザノ等の写真家による美しい写真と共に、みらい・ななの訳で、一九九八年、東京の童話屋から出版されたこの絵本は、森繁久弥の朗読と、東儀秀樹のバック・ミュージックとでCD化され、多くの人々の感動をあらたなものにした。

今の配役に徹すること

『般若心経』では「不生不滅」と説き、道元禅師は「生も一時の位、死も一時の位」と示され、これを西田幾多郎さんは「不連続の連続」という言葉で表現された。

理解のたすけとして、まど・みちおさんの「水はうたいます」と題する詩を紹介しよう。

水は　うたいます　川をはしりながら

海になる日の　びょうびょうを
海だった日の　びょうびょうを
雲になる日の　ゆうゆうを
雲だった日の　ゆうゆうを
雨になる日の　ざんざかを
雨だった日の　ざんざかを
虹になる日の　やっほうを
虹だった日の　やっほうを
雪や氷になる日の　こんこんこんこんを
雪や氷だった日の　こんこんこんこんを
水はうたいます　川をはしりながら
川であるいまの　どんどこを
水である自分の　えいえんを。

一つの水が条件によって、液体となり気体となり固体となる。同じ液体でも、川や海の姿と変わるときもあれば雨の姿をとるときもある。同じ気体の姿をいただいても、雲や虹となって空を彩る日もあれば、川霧となって山裾を這いあがる日もある。一転して雪となり氷となって山野をおおう日もある。

雲や雪という一つの形をいただくと、始めがあり終わりがある。しかし無くなってしまったのではなく、水の生命に帰っただけ。水という永遠の生命を、今は雲という姿をいただいて生き、明日は雪という姿と変わって生きるというだけのこと。不生不滅の仏の生命を、縁に従って、今私は、私という姿をいただいた。具体的な「私」という一個の人間の姿をいただけば、おのずから生老病死がある。どのような状態であろうと、不生不滅の仏の生命を生老病死していることに変わりはない。

まど・みちをさんの詩の最後は、「川であるいまのどんどこを、水である自分のえいえんを」の一句で結ばれている。不生不滅の永遠の生命を、今は川という姿でいただいているのだから、この川である今のどんどこに全力を尽くすことが、水である永遠の生命を生きることになるのだというのである。不生不滅の仏の生命を、今私は私という姿をいただき、原稿を書いたり話をするという配役をいただいたら、その配役に徹する。病気になったら病気という今を、老いの日には老いの日をつとめあげること。それが「生も一時の位、死も一時の位」として、永遠の生命を生ききる生き方なのだという。この生き方を、道元禅師は「遇一行修一行」（一行に遇うて一行を修す）とおおせられた。

〝いのち〟からいただき〝いのち〟に帰る

「葉っぱのフレディ」の中でダニエルが「生まれたときは同じ色でも、いる場所がちがえば太陽に向く角度がちがう。風の通り具合もちがう。……何一つ同じ経験はないんだ。だから紅葉するときは、みんなちがった色に変ってしまうのさ」と語り、「世界は変化しつづけているんだよ。……死ぬというのも変ることの一つなのだよ。——でも〝いのち〟は永遠に生きているのだよ」の一言を残して、夕暮の金色の光の中を、散っていった。

一方は、永遠の生命を、一本の樹の葉の〝いのち〟として生まれてきた葉っぱたちが、縁にしたがってそれぞれの姿をとりながら春夏秋をすごし、冬の到来と共に〝いのち〟に帰ってゆく姿を描き、一方は水という一つの命から、縁にしたがって雲や雪や氷と変化しつつ、水の命にかえる旅を、短い詩にうたいあげている。洋の東西を越えて、一人の哲学者と一人の詩人が『般若心経』の心を、仏法の真髄を、人の〝いのち〟の姿を、ありようを、みごとにうたいあげていることに、深い感動をおぼえる。

生老病死が人生の道具だて

十一月中頃、お茶事を催した。「親が死んでも必ず時刻には参上」と古来からいわれるほど、茶事というのは茶の湯の世界では、主客ともに衿を正して立ちむかう厳粛な催しである。そこでのお花に紅万作のおおらかにのびた一枝を、一輪の椿と共に生けた。床の上におのずから散った葉はそのままにして、一枝に残った葉も、くれないに黄にわくら葉（病葉）にと、一枚として同じ葉はなく、それが露にぬれて、ひとしおに美しかった。

席入りした客は感歎の声をあげ、散った葉の一枚あることが一層趣きを深めていることに心をとめ、「私たちも、散って後までも役に立つ生き方ができたらいいね」と語りあったことである。

散りし葉のそのままありて一瓶の
　花のおもむきいよよ深まり

更には「われわれは、萌えいずる若葉や、元気いっぱいの青葉の時はうれしいが、やがて紅葉し、あるいは病い葉となったり枯れ葉となって散ってゆくのを嫌うが、客観的に一本の樹にたとえてみれば、いろいろの姿があって趣きを豊かにするように、人生もいろいろあって味わい深いものにすることができると、葉っぱたちからのメッセージに耳を傾けたいものだね」と、茶事のひとときの会話も深いものとなった。

くれないに黄にわくら葉にさまざまの
　姿のありて一樹ゆたけし

病気のため休んでいた弟子が久々にやってきて、しみじみと語った。「健康な時はお稽古

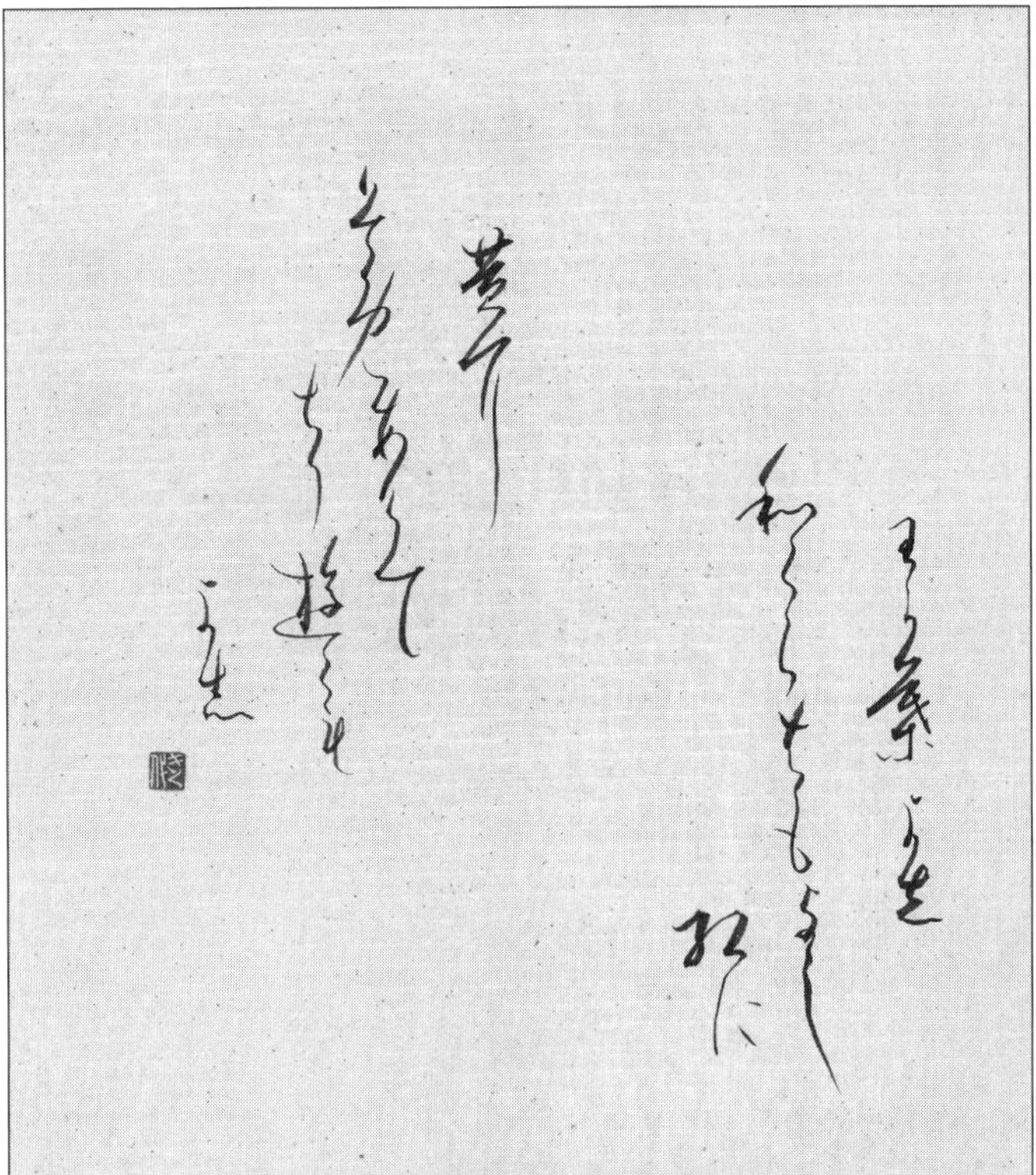

若葉よしわくら葉もよしくれないに黄に染めあげて散りゆくもよし

にこられるのが当り前と思っていましたが、病んで初めて、一日、一時間こうしてお茶室に居らせていただける幸せを思います」と。

道元禅師のお言葉に「生死は仏家の調度」というのがある。生老病死、愛憎、すべて人生を深くゆたかに生きるための道具だて。追わず逃げず、積極的に〝いろいろあってよい〟とたのしんでいけとおおせられる。

若葉よしわくら葉もよしくれないに
　黄に染めあげて散りゆくもよし

四葉よし三つ葉またよしまごころの
　一つ葉そえて君にささげん

五　今ここを彼岸に──平成二十四年勅題「岸」によせて

授かりに気づく──彼岸到と到彼岸と

『般若心経』は古来より日本人にもっとも親しまれているお経であるが、正式には『摩訶般若波羅蜜多心経』とお唱えし、「摩訶」も「般若」も「波羅蜜多」も梵語（サンスクリット）の音を漢字に写したものである。

「波羅蜜多」は一般的には「到彼岸」と「完成」の二通りの読みがされている。「到彼岸」は、「彼岸に到る」「彼岸に渡る」ということで未来形であり、「完成」は〝すでにそうなっている〟〝すでに彼岸に渡っている〟という過去完了形と受けとめることができよう。道元禅師は「彼岸到」と云いかえておられる。さらに道元禅師の「法輪本転、無欠無余」─法輪本より転じて欠くることなく余ることなし─の一句をとりあげ、余語翠巌老師は、「此岸から彼岸へわたるとすれば、それなりの努力がいる。『彼岸到』と訳すとどうなるか。天地法界の生命が働きかけてくる」

とお説き下さった。

沢木興道老師は、

寝ていても運ばれてゆく夜汽車かな

の句をあげて、

「凡夫が修行してボツボツ仏になるのではない。始めから仏。ただそれに気づかずに迷っているのを凡夫という」

とおっしゃった。「始めから仏」、これが「完成」であって、過去完了形である。しかし気づかねばならない、これは未来形である。気づく、気づかないにかかわらず、始めから仏の生命をいただき、そのお働きの只中にあって生かされていても、気づいていないと、当人にとっては「無い」と同じであるといえる。始めから授かっている生命の姿、働き――これを本具《ほんぐ》という――、天地の姿に、〝ああ、そうであったか〟と気づかせていただく、それがパーラミターの心であり、私は過去形、未来形ともに大切な受け止め方だと思っている。

気づくことにより生命は輝く

沖縄からスキーに来て事故に遭い、意識ももどらず、植物人間になってしまうであろうと医師から宣告された娘さん。たまたま無量寺の熱心な参禅会員が看護に当たったことから、私の本を次々とこの母娘の枕もとに届け、励ましつづけた。娘さんは奇跡的に快復し、両松葉杖ながら退院し、明日沖縄へ帰るという前夜の参禅会にやって来た。帰りぎわ、娘さんの口から「十九歳の厄払いと思って」という言葉が出た。私は思わず叱りつけた。

「何が厄払いだ！　払い落としてしまってはもったいない！　一生の財産にしないでどうする！　自分で食べることもしゃべることも、起きあがることも歩くことも、用を足すことも何もできなくなってしまった。そこから一つずつできるようになった。指や腕が動いて茶碗や箸が持てる、口が動いて食べられる、しゃべれる、呑みこめる、消化することができる、大小便の用が足せる……。

一つ一つ、全部あたりまえと思っていたことのすべてが、途方もなく大変なことであったと気づかせていただくことができた。すべてあたりまえというところからは愚痴しか生まれない。あたりまえと思っていたことの一つ一つの背景に、天地いっぱいのお働きがあったことに気づかせていただくことができたら、こんなに豊かなことはないでしょう。失うことを通して豊かな授かりの世界に気づかせていただくことができた。この経験を、生涯の財産として大切にしてゆきなされ」

まじろぎもせずに聞いていた娘さんは、沖縄へ帰って長い長い手紙をくれた。

「『厄払いなんてとんでもない！　一生の財産にせよ』とおっしゃって下さった言葉を決して忘れません。それまで『十九歳の厄払いも終った』というセリフを口にすることで、その場が盛り上がることを何回も体験してきた私にとって、青山先生のこのお言葉は、ピシッと頬を叩かれたような感じでした。『そうだ。そのとおりだ。私はこの事故によって大切なことをたくさん学ばせていただいているのだ』と。それからは二度と『十九歳の厄払い』を口にすることはなくなりました」

人は失うことを通して、始めから授かっている生かされている生命の働きに、生命をあらしめている天地の働きに気づくものである。失ったことにのみ心奪われ、心乱れ、授かりに気づかずに終わる人もいるが。

この「授かり」、これが過去完了形で、「波羅蜜多」の一つの意味の「完成」であり、「すでにそうなっている」「始めから彼岸の只中」の意味である。しかしそのことが「ああそうであったか」と認識にのぼらないと、当人にとっては「無いと同じ」であり、具体的人生の一歩一歩に輝きとして出てこない。

道元禅師が『辨道話《べんどうわ》』の中で、

「人々の分上にゆたかにそなわれりといえども、いまだ修せざるにはあらわれず、証せざるには得ることとなし」

と示されているお心もそれであり、この気づきを、「覚」とか「悟」という言葉で強調されるゆえんもそこにある。

此岸、彼岸は地理的問題ではない

この「波羅蜜多」を白隠禅師は「者裡《しやり》」と訳された。「這裡」とも書き、「今ここの足もとだよ」というのである。「彼岸」とか「浄土」という言葉には、〃ここではない、いつか、どこか〃というひびきがあることをいなめない。沢木興道老師はつねづね「『ここをおいてどこかへ』、これを流転《るてん》という」とおっしゃっておられた。

生きるということは「今、ここ」でしかないのである。時は「今」の一瞬、ところは「ここ」の足もと、それをどう生きるかで明暗は決まるといってよい。此岸と彼岸は地理の問題ではないのである。

彼岸とはわが足もとぞ真向けよの
　師の言の葉に導かれゆく
いだかれてありつゝ永久にはるかなる
　彼岸に向けて歩みつゞけん

六　さわりなき大空の如く——勅題「空」によせて

さわりなき大空のごとくあらまほしと
　　祈りつつとなう「処世界如虚空」

「処世界如虚空」とは、「如蓮華不着水」とつづくお経の言葉で「しょせいかい　によこくう　にょれんげ　ふじゃくすい」と読み、「世界に処すること虚空の如く、蓮華の水に着せざるが如し」と訓読する。この上なく尊い存在をたたえた言葉である。

この上なく尊い存在、それは人により、神とも仏とも、天地さまとも、親さまとも呼んできた。どう呼ぼうと、たった一つの至上なるものを指し、そのありようは、さわりない虚空の如く、また泥水にも汚れない、むしろ泥を肥料として花咲かせる蓮華の如きありようだ、というのである。

『般若心経』に出てくる「色即是空、空即是色——しきそくぜくう、くうそくぜしき——」の「空」も同じで、カラッポという意味ではない。限定された形を持たない存在だから、「空」

という否定的な言葉をもって表現しようとしたまでのこと。私とかあなたとか、草とか木というように、限定された形を持つと、空間的にも限界があり、時間的にも生滅がある。これは有限の姿・形を持っているものの宿命である。有限の姿・形を持たないからこそ、限りなく天地いっぱいであり、時間的にも永遠の存在となる。それを「空」とか「無」とか、あるいは「真如」とか「神」「仏」などと名づけて、古来より人類は呼びつづけてきた。

かぎりもなく　モノサシもない大空の如く

大空には限界がない。ここでおしまいということがないから、はみ出るということはない。みんなその中につつまれている。何にもない。だからどんな雲も自在に遊べる。天人の羽衣をおもわせるようなかろやかな美しい雲も、威嚇するような入道雲も、嵐を予告するような黒雲の乱舞も、ひとしくなすがままに遊ばせてさわりなく、しかも去ったあとには痕跡さえとどめない。人間の世界はそうはいかない。一人で満員というい れものもある。家族だけ入るというい れものもある。同族とか、土地のものだけというい れものもある。だから、別の土地から移ってきた人は、来たり者とか、よそ者といって、なんとなくひややかに扱われる。

大空には境界線がない。したがって自他の区別はなく、一つにぶっ続いている。その大空に人間は境界線をしき、侵略しただの、されただのと争う。地上もひとつづきの大地と海なのに、その上に境界線をしくから、彼のもの吾のものという区別が生じ、奪った、奪われたといがみあいが絶えない。大空も大地も海も、ひとしく地上にすむすべてのものの、共有の大切な財産なのに。

大空にはモノサシがない。大空という言葉に象徴されるこの天地、または大地にもモノサシがない。だから全部がいだきとられ、それぞれに安らぎの場が与えられている。

人間は沢山のモノサシを持っている。まずは善悪というモノサシをふりかざし、悪人をこの世から消そうとする。人間のつくった善悪のモノサシなど、時代により、地域により、どんどん変わってゆくものなのに、時と場合によっては神・仏ほどの権威をもってのぞむのだからおそろしい。たとえば戦争中の集団エゴのごとき、沢山人を殺した人ほど金鵄勲章といってたたえられるなど、最たる例といえよう。

「人類にとって」というモノサシもある。人類にとって都合のよいものは益虫、都合の悪いものは害虫と呼び、または毒蛇というように「毒」の字が冠せられ、消毒だ、殺虫剤だ、駆除だといって消し去る。思えば勝手なものである。

地球は一つの生命体

「地球は一つの生命体」という言葉をこの頃よく耳にする。心して深くちょうだいせねばならない言葉である。全宇宙の総力をあげての働きによって生かされている一つの生命体、それが地球なのである。その中のすべてのものが、無限のかかわりを持って、生かされつつ生

さわりなき大空のごとくあらまほしと祈りつつとなう「処世界如虚空」

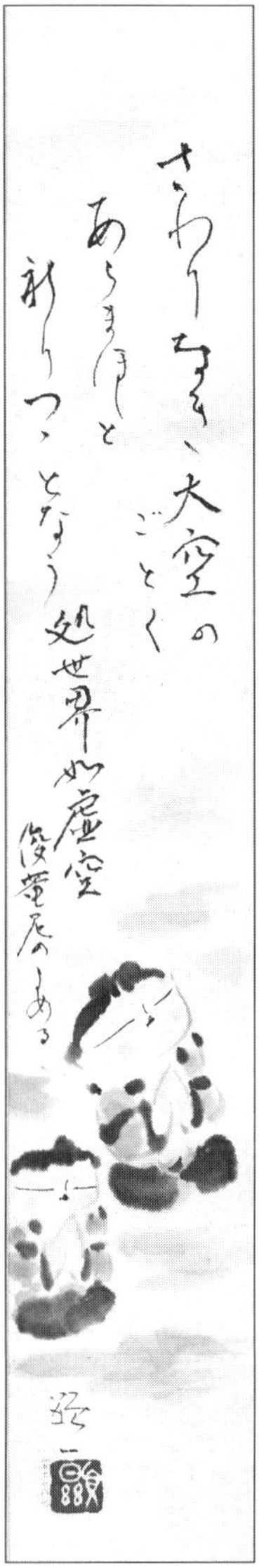

手も足も心も空に向けて坐る湧きおこる思いわくままにして

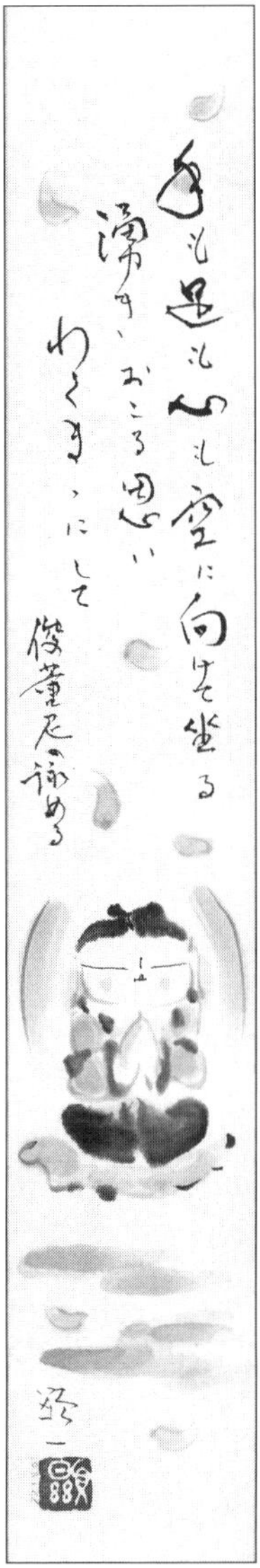

かしあいつつ存在していることを忘れ、小さな一人類の、そのまた小さな一民族の、さらに小さな私のグループの、その中の私一個の都合を最優先としてのモノサシをふりかざし、そのモノサシにあわないものは邪魔ものとして排除してゆこうとする。本来共存の世界にあって、他を排除するということは、他からも排除されるということである。人類はいまや地球上で、一番排除されるべき存在になってはいないか。

モノサシを持つかぎり、「さわりなき大空の如く」ということにはならない。大空には一切のモノサシがないから、善人も悪人も、害虫も益虫も毒蛇も始めからないのであり、一切が落ちこぼれなく、さわりもなく、それぞれ安住の場が与えられ、地球という一つの生命体の一翼を荷う役目を果たし得ている。

お釈迦さまから法を伝えて二十八代目が達磨さまである。この達磨さまに、中国の、時の皇帝である梁の武帝が、「いかなるか聖諦第一義」――仏法のぎりぎりの教え、肝心要なところは何ですか――という質問に対し、「廓然無聖（かくねんむしょう）」、つまり「カラッとして聖とか凡というような人間のモノサシを超えた虚空の如きものだ」と答えられたのも同じ心であろう。

仏にひきずられてゆく人生——坐禅をうたう

手も足も心も空に向けて坐る
　湧きおこる思いわくままにして

坐禅はまず右の足を左の股の上にあげ、左の足を右の股の上にあげる。ちょうど胡座《あぐら》と反対の脚の姿となり足の裏は上を、つまり大空に向う。その足の上に右の掌を上むきにおき、その掌の上に左の掌を重ね、両手の親指をむかいあわせ、ちょうど宝珠の玉のような形——これを法界定印《ほっかいじょういん》——にする。つまり両手ともに掌は空に向っていることになる。

ふつう動物達は四本の手足ともに下に、大地に向う。人間も、両足は大地に向い、また、両手を膝においても普通におけば下に向う。それを坐禅は四つとも天に向かわせる。

次に坐禅中の心の始末は、はてしなく湧きおこる思いを、ただ無限に手放すのみ。〝ああ、こんなことを考えてはならない〟〝何とか無心にならねば〟と、もう一つの自分の思いをおこし、煩悩・妄想を、もう一つの煩悩・妄想で、とりかたづけようとしない。私の思いという同じ土俵にあがっていって、思いと思いをたたかわせない。その土俵から坐禅の地盤におりてしまう。坐禅の地盤におりてしまうということは、私を止めることであり、私を仏の家に投げ入れてゆくことである。

沢木興道老師は、「仏法とは何をするものか――生活の全分を仏にひきずられてゆくというだけじゃ」と、つねづねおっしゃっておられた。生活の全分を、わが身かわいい、エゴの思いにひきずられてゆくのではなく、仏に、神にひきずられてゆくことができたらという祈りが、「心も空に向けて坐る」という言葉となった。親鸞聖人は「さるべき業縁のもよおさば、いかなる振る舞いをもすべし」とおっしゃっておられるが、あらゆる思いが湧きおこり、条件次第ではどんな罪悪でも犯しかねない可能性を持っている私が、その素材のすべてを内にかかえつつ、生活の全分を仏にひきずられてゆく。これが坐禅の姿であり、また真実に生きんと願うものの生きざまでもあるのである。

よく「坐禅すると妄想がおきて困る」と訴えてくる人がある。坐禅をすると妄想が起きるのではない。坐禅のおかげで妄想が見えてくるのである。坐禅に照らされて妄想に気づかせてもらえるのである。妄想ぐるみになっていたら妄想は見えない。坐禅のおかげで妄想の外に出ているから妄想が見えるのである。もう一人の私の側から見すえる眼が授かるから妄想が見えるのである。

例えば暗い部屋に節穴から一条の光がさしこんだとする。その光の束の中には埃がモヤモヤと見えるように、坐禅に照らされることによって、雲の如くに湧きおこる煩悩が見えるのである。さらに、その煩悩を見すえていれば、その煩悩の中から、その煩悩ゆえに説かれた仏の教えが聞こえてくる。〝煩悩・妄想をいとい、そのほかに仏道を求めてはならない。むしろそこが聞法の只中なんだよ〟とのお示しがうなづかれる。

紺青の大空に浮かぶ雲ひとひら
　底なきゆえのかなしさに泣く

七　土づくり種まきそして苗を育てる——平成八年勅題「苗」によせて

幼な苗みつめてあれば心おどる
　いかなる明日の待ちいるらんかと

合掌の姿もて地より萌えいでし
　幼き苗を吾もおろがむ

闇から光への歩み

最近『闇から光への歩み』（法蔵館）という本をいただいた。明治四十四年に熊本に生まれた松尾寿城という方が点字で書いた求道録で、墨書訳したものである。寿城さんは七人兄弟の六人目として生まれ、目のきれいなことは兄弟一であったという。この寿城さんが三歳のとき熱病を患い、お母さんが解熱剤の調合をあやまって飲ませたばかりに失明をしてしまうのである。お母さんは自分の過失を責めて反狂乱になり、夜も眠らず、やせおとろえ、苦悩のあまり死の淵をさまよいつづけた。その果てに寺にたどりつき、命がけの聞法の日々が始まった。失明したわが子を背負い、何キロの道も遠しとせずに通いつめ、聞法を重ね、法の力に導かれて次第に立ちなおり、寿城さんの六歳の頃は、

「こうまでなって私を助けておくれたあんた。マンマンチャン（阿弥陀さま）の生まれ変わりだったばいね。ご苦労かけました」

と涙ながらにわが子の頭をなで、わが子を阿弥陀さまと拝むところまで信心は深まってゆくのである。

寿城さんはこの母の信に導かれ、成人して後に浄土真宗の教えを深く学び、真宗の僧としての得度も受ける。二十八歳で妻を迎え、四人の男子をもうけるが、その四人のすべてを失うという悲運に遇う。長男は一年二ヶ月で麻疹のために、次男は一年八ヶ月で終戦の粗食のために、三男は生後二ヶ月で肺炎のために。そしてたった一人ようやく成人してくれた四男が、三十四歳で肝臓癌となり他界してしまった。

わが子を失うという気が狂わんばかりの悲しみを、四度も経験しなければならなかった寿城さんは、その悲しみを通して信心を一層深いものとしてゆく。五十一歳のとき至徳会という聞法の会を主催し悩み多き人々に、みずからの体験を通し、闇を転じて光とする仏の道を説く。

七十九歳のとき突発性難聴とり、盲目の寿城さんにとって聴くという唯一の外界への窓口さえも閉ざされることとなった。その上、二十二歳から七十二歳までの五十年間寿城さんの目となり足となって支えてくれた奥さんが病臥の身となり、盲目と難聴の身をひっさげて奥さんの看病のかたわら、点字でつづった求道録がこの『闇から光への歩み』である。

聞く心、求める心さえあれば

「仏をいずこと尋ねれば、それは十万億となりましょう。苦しみは、日々我が身の上です。こちらに聞く心求める心さえあれば、必ず我が次元までおりてきて、業に添い心に添い、たとえ誰に打ち明けようもない苦しみも、増やさず減らさず受け止めて、不幸に泣く自我を照らし破って、無我の世界を開発し、私と一体となり一如となりたもうのがみ仏です。祈りも祈願もそこには不必要なのです。（中略）我が苦悩のありったけを引き受けて、それを光の世界へと転ぜしめたもうのがみ仏です。」

と、寿城さんは述懐している。

寿城さんの生涯ほどに、折り重なる不幸が、闇がどこにあろう。そして、だからこそこれほどにまぶしい光もないであろう。闇の深さは光の明るさと反比例するもののようである。ただし光と転ずるためには、仏の教えに遇うということがなければならない。

正しい教えを説く人に遇いその教えを聞いても、すべての人が等しくその人に出逢うことができ、教えを聞くことができるとは限らない。寿城さんが「こちらに聞く心、求める心さえあれば」必ず仏は私の次元までおりてきて下さって、照らし、救ってくださると語っているように、聞く心、求める心というアンテナが立っていなければ、逢っていても出逢いは成立せず、聞いていても教えはむなしく耳の外を通り過ぎてしまうのである。

寿城さんは「苦しみに逢うたびに導きを受けました」と述懐しているが、苦悩に導かれて求める心をおこすことができたのは、幼いとき、信心深い母によって心の深層に仏法の種が蒔きつけられ、大切に育てられてあったからこそである。どんなに苦悩にあっても、種が蒔かれていなければ芽の出しようもなく、苗が大切に育てられていなければアンテナの立てようもないのである。したがって闇は光へと転ずる術がなく、闇から闇へと流転するのみということになる。しかもかなしいことに、光を知らない人は、みずからが闇の中に流転しているということにも気づいていないのである。

蒔かれていなければ種は生えない

自閉症や登校拒否の幼児のカウンセラーをしているA先生からこんな話を聞いた。

幼稚園や学校へゆけない子が毎日A先生のところへやってくる。A先生はお友達となっておしゃべりをしながら、子供に箱庭づくりをさせる。庭づくりの材料が積んであるところから、自分が選んできて並べるのだそうだが、始めは全く形にならないという。しかし次第にととのってゆき、やがてこの箱庭の中に、お寺の塔とかお宮の鳥居のようなものが入るようになり、何となく宗教的雰囲気が出てくるようになると、その子は自閉症や登校拒否から抜け出し、立ちなおれる状態に快復した証拠だという。興味深くこの話を聞いていた私は、思わず尋ねた。

「それは心の深いところ、いわゆる深層心理の中に、そういう種まきがすでにされていて、それが表層の心の波立ちがしずまることとで、出てくるということでしょうか。何もなかったら出ようがありませんからね。たとえば物心つかないような小さいときに、おじいちゃんおばあちゃんなり、御両親なりにだっこされたり、手をひかれたりして仏壇の前で掌を合わせるとか、あるいはお寺やお宮へお詣りにゆくという種まきがされていなければ、芽は出ませんからね」

A先生は祈るようなまなざしでおっしゃった。

「胎内にあるうちから、生まれおちるその日から、なるべく家中で、朝に夕に、理屈はどうでもよい、とにかく仏壇の前で敬虔に頭を下げる、掌を合わせる、そういう環境の中で子供を育ててほしい。何かにつまづいたとき、必ず立ちなおる力となるから」

子供の明日を左右する鍵のすべては親の手中にあることを、またしても思うことである。

種まきに先行して土づくりを

「荒地を耕し、種を蒔く」というが、その種まきや苗づくりのために不可欠な、しかももっとも大切な条件に土づくりがある。土づくりは種まきに先行し、しかもインスタントではできない。きめこまかく心を運びながらの手入れを長い年月かけてやって、初めて出来るものである。東井先生は人づくりを農業にたとえ、「下農は草を作り、中農は作物を作り、上農は土を作るという。教育の畑の土づくりは親づくりだ。」とおっしゃる。

更には、京都大学の元総長の平沢興先生は、「人類は生まれながらにして百四十億の脳神経細胞を持っており、すべての人が天才になりうる可能性を持っている。しかしながら育てなければ零に等しく、しかもその百四十億の脳神経細胞を一生使ってゆくための土台作りは、三、四歳で完了だ」と語る。土作りであるところの親作りの大切さを、そして苗作りにあたる三、四歳までの親の責任は、どれほどに重く感じても、十分といえるものではないようである。

八　行く処青山、到る処わが家——平成十一年勅題「青」によせて

「ゆくところ青山あり」と古人いう
　霧深くして道見えずとも

「ゆくところ青山あり」の古人は、約七百年前、九州・肥後に出られた大智禅師のことである。当時日本は南朝と北朝とに分かれ、血なまぐさい争いがいつ果てるともなく繰り返されていた。多くの大名達は生き残らんために日和見的であったのに比べ、楠木正成らと共に一貫して節を変えず、南朝に忠誠を尽くしたのが九州の菊池一族であり、その菊池一族の精神的支えとなったのがこの大智禅師である。

大智禅師は、後鳥羽天皇の第三皇子で後に道元禅師の門に投じられた寒巌義尹禅師について出家された。七歳で入門した折の逸話が伝えられている。そのときすでに七十七歳の寒巌義尹禅師、七歳の小童に向かって「お前の名は何というか」と質ねられた。「万十と申します」と答えると、禅師、卓上にあった饅頭をとって与えながら「万十が饅頭を食するとは何

ゆくところ青山ありと古人いう霧深くして道見えずとも

如」と、軽くじょうだんをまじえながらきくと、この小童はキッと禅師を見すえて「大蛇が小蛇を呑むが如し」と答えた。禅師は驚き、「お前は智恵がある。よろしく小智と名付くべし」と云われた。大智は仏の智慧のことであるから遠慮して「小智」といわれた。ところが小童が承知しない。「小智は修行のさまたげになります。大智と名づけて下さい」という。禅師はにっこりされ、「よろしい。大智と呼ぶことにしよう」とお許しが出たという。後の大智禅師の人となりをしのばせる逸話である。

寒厳義尹禅師は八十四歳で遷化されたが、その最晩年の五年間を膝下で過ごし、義尹禅師滅後、加賀の大乗寺に瑩山禅師（後に総持寺開山となる）を尋ね、会下に参学すること七年。二十五歳のとき中国（元の時代）に渡り、十一年の長きにわたっての留学生活を送り、帰朝の後、瑩山禅師の指示により、瑩山禅師の一番弟子の明峯素哲禅師について法を相続し、永平下六代の祖師となられた。四十歳頃故郷の九州・肥後にもどり、菊池一族の帰依を受け、深山幽谷の地に鳳儀山聖護寺を開創し、ここに住すること二十一年。命運をかけての興亡の果て、南朝利あらず、楠公父子も倒れ、菊池一族も敗退の止むなきに至り、あおりをくって大智禅師も聖護寺をあとにせねばならなくなった。そのときの心境を偈頌に托されたものが「事に因る」と題して三首伝えられている。（原文は七言絶句）

曽って南能の世難を避くるに慣って
暫く雲水を辞して人間に下る

一瓶一鉢縁に随って住す
到る処無心なればすなわちこれ山

禅がインドから中国へ伝えられて、中国での六代目が六祖慧能禅師である。法が時の五祖門下の第一座であった神秀上座に伝えられず、未だ出家の姿もとらず、米つき部屋で米をついていた慧能に伝えられた。神秀上座を始め多くの修行僧達の恨みを避け、南方に身を隠して修行すること更に十五年。これより禅が南北二つに分かれ、南能、北秀、または南頓、北漸などと呼ばれるようになった。「曽って南能の世難を避くるに慣って」というのは、その六祖慧能禅師が世の難を避けて隠遁されたのにならい、私もしばらくこの山を下って、人間世界に入ってゆくことにしよう、というのである。

到るところ無心なればこれ山

「一瓶一鉢縁に随って住す」出家者というのは一切を捨て去った人のことをいい、その出家に「比丘六物」といって持つことを許された六点がある。道中や作業衣である五条衣と、坐禅や宗教儀礼の時用いる七条衣と、説法や授戒のときにかける九条衣の三種のお袈裟、それに応量器（食器、同時に托鉢に用いる）と、雲水行脚に不可欠の水瓶と錫杖の六点である。一瓶一鉢、この六物さえあればすべてこと足りる出家者の身、縁あるところに住す。「到る処無心なれば便ちこれ山」、どこでもよい。此方の心に追ったり逃げたりという揀択がなければば、坐するところ、行くところどこもかもわが深山幽谷であり、わが本家郷であり最後の落ちつき場所だというのである。

沢木老師が丹波の福知山を行脚していて大水に遭い、三日三晩動けず、これさいわいと壁に向かって坐禅しておられた。「お客さん。御飯です」というと「ウン」といって向きをかえ、お経を読んで御飯をいただき、また坐禅する。すぐ三日経ってしまい、もうちょっと長くてもよかったと思ったとおっしゃる。女郎屋の二階で坐禅しておれば、見た人が逃げてゆく。「悪魔除けに一番じゃ。だれも寄りつきもせん」「書生時代に坐禅しておったら、だれも冷やかしに来ん。『沢木、遊ぼう』一緒におるやつが坐禅の真似をして『沢木これじゃ』『ワァー』といって逃げてゆきよる。誘惑なんかあるどころではない」と語られる。

「到る処無心なるは便ちこれ山」　どこにあってもその人の心次第で、その人のゆくところへ山はついてくる。その人の心のあり方次第で、どんなに山を追いかけても山は逃げるのであろうし、また文字通り山の中にいても、山を世塵に汚してしまうことになろう。

大智禅師が聖護寺を去るおりの二首目の偈は、有名な次の偈である。

幸いに福田衣下の身と作り
乾坤《けんこん》贏《か》ち得たり一閑人
縁有れば即ち住し縁無ければ去る
清風の白雲を送るに一任す

「福田衣」というのはお袈裟のことで、「さいわいにお袈裟をかけることができる仏弟子となることができた」ということである。住みなれた山を後にして、行く方知らぬ雲にまかせ、風にまかせての旅立ち。それをも「幸い」と受けとめる。「清風の白雲を送るに一任す」み仏の慈悲のまにまに、ゆくところわが家、ゆくところ青山、任運騰々の境涯がうかがえる。

三首目も同工異曲であるが、「ゆくところ青山あり」の「青山」が出てくる。

一鉢縁に随って歳華を度《わた》る
寒を禦《ふせ》ぐにもまた一袈裟有り
無心常に白雲を伴って坐す
到る処青山便ち是れ家

「歳華」というのは歳月のこと。一首目の「一瓶一鉢縁に随って住す」と同じで、一瓶一鉢さえあれば托鉢で年月送ることができるし、寒さはお袈裟で防ぐことができるというのである。雲が無心に、風のまにまにおおぞらをわが舞台と自在無礙に遊化するように、自分も縁あってゆくところ、皆わが本家郷、皆仏の御手の只中だというのである。

慈愛のまなざしを青眼という

「青」にちなんで思うことがある。「青眼で人に対せ」ということである。青は草木の生成する色であり、季節に配すると春の色であり、方角にあてはめると東方の色だという。「青い鳥」といえば幸せを象徴する鳥であり、「青童」は仙人に使われている仙童を意味し、「青雲の志」といえば、徳高き人を、またはそれを志すことを意味する。

紀元前五〜六百年頃のこと。中国・晋の国に竹林の七賢人と称する人々がいた。世塵をさけて竹林に会し、清淡を事とした隠者であり、その筆頭に阮籍《がんせき》という人がいる。

この人は人みなに喜怒哀楽の情を現わさず、ただ眼を青くしたり白くしたりして、眼の色だけで感情を現わす男であったという。青眼は気に入ったときに、白眼は気に入らないときにする目つきである。世間なみの礼儀正しい人間に会うと、阮籍はいつでも白い眼をむけた。いわゆる白眼視である。

稽喜という人が訪ねてきたときも、やはり阮籍は白い目をむけた。稽喜の弟でやはり竹林の七賢人の一人に入っている稽康が、阮籍が愛好している酒と琴をたずさえて会いに行ったら、阮籍は大喜びで、青眼をもって迎えた、という。（晋書、阮籍伝）

青眼というのは、親しい人に対する眼、愛する目、いつくしみ深い目のことをいい、その反対が「白眼」で、冷淡の情をもってにらむことを意味する。白眼視という言葉は今も生きているが、「青眼をもって人を視る」という言葉はすでに古典のみに、わずかにその姿をとどめる言葉となってしまった。

阮籍はいざ知らず、われわれは日常生活において、人によって態度を変えず、すべての人にやさしく、あたたかくおだやかなまなざしで接してゆけるようになりたいものと思うことであるが、この一事すら実践となると非常にむずかしい。

これをお釈迦さまは「和顔施」といい、「慈眼施」とおっしゃったが、あきらめず取り組んでゆきたいものと思う。

九　死の宣告は仏の慈悲——平成十二年勅題「時」によせて

死の宣告は仏の慈悲

一九九七年、十三年ぶりにアメリカを再訪し、約半月の間、各地で坐禅指導と講演を行なった。ハーバード大学での講演のあとであったかと記憶する。一人の参禅者から「死の宣告は仏の慈悲か」という質問があった。私は答えた。

「われわれは皆例外なしに死刑囚。いわゆるの死刑囚は人為的に死刑が宣告され、あるいは癌などの難病で死の宣告を受けた人は、むしろ死を自覚することで生命の尊さにも気づくことができ、また死の準備もでき、更には許された一日の生命をどう生きたらよいかを真剣に考える。そういう意味で、死の宣告は仏の慈悲だと思う。

いわゆる死刑囚でないばかりに、健康であるばかりに、若さのゆえに、死を忘れ、いつまでも生きていられるような錯覚の中で、毎日をウカウカと過ごしてしまう。いかに死を忘れていようが、死は予告なしにマッタなしにやってくることを忘れてはならない。その意味で、生きているものは例外なく死刑囚であり、死の宣告は、〝いつ死んでもよいような今日只今の生き方をせよ〟という仏の慈悲なんだ」と。

千葉敦子《あつこ》さんは四十歳で乳癌となり、六年の闘病生活ののち、四十六歳で世を去った。フリージャーナリストとして日本の政治・経済・社会問題などを世界の新聞や雑誌に書くという仕事をしていた千葉さんは、乳癌の発見、そして治療を契機に、活動の拠点をアメリカに移し、アメリカを日本や諸外国に報道するという仕事に切りかえる。あわせて、日本の癌治療とアメリカのそれを比較したり、さらには〈『死への準備』日記〉と題して死の二日まえまで自分自身の癌との闘病を、冷静さと周到さをもって取材報道しながら死んでゆくのである。千葉さんはいう。

「癌はいい病気だ。死ぬまでにある年月の猶予期間が与えられるから。あと何年、ではなにができるか。なにがやりたいか。ゆるされた年月内にやれること、やりたいことを選び、実行することができる。死の準備もできる。大切な人たちと別れをすることもできるから。コロッと逝ってしまったら、やりたいこともやれず、死の準備も、愛しい人々との別れをするいとまもない」と。

残り時間　零を生きる

大学を停年退職された鈴木格禅老師を迎え、尼僧堂で眼蔵会を行なっていた。しばらく続けていただく心づもりでいた矢先、癌になってしまわれた。老師は末期癌の痛みとたたかいながら、最後の最後まで各地での講演に出講された。

奥さまがつきそわれ、迎える側も万一にそなえて医者や看護士の手配をしての開講。語る側も必死なら聴講する側も必死の思い。ふだん居眠りする雲水も、さすがに一人も眠らず真剣に聞いた。

「誰しもが〝いつ死ぬかわからない生命〟と語る。しかし健康な者の語る死は観念にすぎない。今私は〝残り時間零〟という絶壁に立っている」

と、講話中に語られた一言が、私の心に鋭く切りこんできた。

残り時間零をひたぶるに生きる君の
　声せつせつと吾をゆさぶる

「死を忘れたら生もぼける。死を見すえる目が深いほど、今日一日生命をいただくことができた喜びを、その一日をどう生きるべきかを真剣に考えるようになる」と語る度に、鈴木老師の言葉が脳裏をよぎり、あいかわらず観念の延長線上でしかしゃべっていない自分を恥じることである。

残り時間零をひたぶるに生きる君の声せつせつと吾をゆさぶる

時の足音に心の身を澄まして

しずかに！　おしゃべりや動きを止めて、息をこらし、耳を澄まして聞いてほしい！「時」の歩みの足音が聞こえる！

あなたの到着を待って花開く朝顔となり、あなたの帰りを待たずしてしぼむ昼顔となって、歩み去る「時」の足音を！

ふたたび帰ってこない、決して二度と聞くことのできないその足音を！

あなたの命、私の命も、その同じ「時」にいだかれて歩んでいる。しかも、いつその歩みに終止符が打たれるかわからない。

明日かもしれない。いや今日かもしれない。一瞬あとかもしれないその命と命が、今ここに、こうして出会うことができたよろこびを、大切にしよう。

心ない風のために破れてしまった花びらを、つくろうことができる針はないのだから。ついてしまった傷はそっとあたためあおう。傷があることで、もっとあったかい世界が、広がってゆくように。

これは朝顔や昼顔の花にそえた、若き日の私の随筆である。（『花有情』）

利休さんは「盛り久しき花は嫌いなり」といって、朝の間しか咲かない朝顔や露草を愛された。秀吉を招いての「朝顔の茶事」は有名である。

自坊の信州・無量寺で、八月に二泊三日の禅の集いを開くようになって、早くも半世紀を迎える。朝、作務（掃除など）のあと、野点《のだて》で参会者に一服さしあげることにしている。私はいそいそと、朝茶でしか添えられない露草の紫と白を、そっと菓子器に添える。露をふくみ、その露に朝の光を宿しながら、つかの間の命を菓子によりそうようにして咲いている露草の姿に、参会者たちは歓声をあげる。時を経ずしてしぼんでゆくひとときの花の命との出会いの感動である。

蕾がやがて花開き、散る。若葉は紅葉し、昨日の少年は今日の老人へと。そこに時の歩みの姿を、二度とかえらない時の歩みの姿をみる。茶人は釜の湯の煮えの音が、蚯声、松籟、遠波とうつろうてゆくところに、時の歩みの足音を聞き、またついだ炭が、やがて灰と流れてゆくところに、歩み去る時の姿を見る。

時の声生命の歩みきこえねど
　見えねど今日も花開き散る

あさみどり深きみどりにもみじ葉に
　よそおい変えて時の歩める

すべての人に一日二十四時間、一年三百六十五日という、時間という財産が全く平等に与えられている。その時間という財産をどう使ってゆくかの主人公は私であり、その使い方で人生は大きく変ってゆくであろう。

河井寛次郎先生の言葉に、「過去が咲いている今、未来の蕾で一杯な今」というのがある。たとえば二十歳の人なら、二十年、七千三百日をどう生きてきたか、五十歳の人なら、五十年、一万八千二百五十日をどう生きてきたか、一日二十四時間、更には分や秒に換算したら途方もない数字の「いま」となる。その過去に生きた「いま」の生きざまの総決算が、今日只今の花として咲き、「今日只今」をどう生きるかで、未来の花が咲くというのである。云いかえれば「今日只今」の生き方で、どんな過去も生かすこともできれば、駄目にもしてしまうのである。また「今日只今」の生き方で、「未来」を開くこともできれば、開かれた扉さえも閉じてしまうことにもなるというのである。

「いま」とは面積も長さもない一点

ではいったい、その「いま」という時はどういう性質のものなのであろうか。「過去」はすでに過ぎ去った時、「未来」はいまだ到らない時、「未来」が刻々に「現在」となり、「過去」へと変身してゆく。たしかにあるのは「現在」だけ。しかもその「現在」という、「いま」の一瞬は、「いま」といったときはすでに「過去」になっているという、とらえどころ

のない在りようで存在している。内山興正老師は、道元禅師の『正法眼蔵・有時』の巻の御提唱のおり、この「いま」について、

「有るのはいまだけだ。刻々のいまだ。いまというものは妙なもので、本当の一点です。一点というのは、こうして黒板に点を描くと、結構直径何ミリの面積がある。しかしいまという一点は面積も時間的長さもない。一瞬前が過去、一瞬後が未来。敢えていえば、一瞬もないのです。しかもこのいまの一点のなかで、過去を思うこともできるし、未来を考えることもできる。さらには永遠の過去、永遠の未来を考えることができる」

と語っておられる。過去と未来をその中につつみこみ、これを闇にも光にも転ずることができる「いま」の一瞬は、面積も時間的長さも持たないという在りようでしか存在しない、不思議な存在なのである。

「時間」をテーマにした物語『モモ』

ではその「いま」をどう生きたらよいのか。ここに二つの言葉がある。「タイム・イズ・マネー」、つまり「時は金なり」という言葉と、「タイム・イズ・ライフ」、つまり「時は生命《いのち》なり」という言葉である。「時は金なり」はよく欧米で、そして現在の一般社会でもよく耳にする言葉であり、一方「時は生命なり」は仏教者の間でよく使われてきた言葉である。

時間というとらえどころのないものを中心のテーマにすえて書かれた『モモ』という物語

を読んだ。「時間どろぼうとぬすまれた時間を人間にとりかえしてくれた女の子のふしぎな物語」というサブタイトルがつき、作者は西ドイツの児童文学作家のミヒャエル・エンデ。一九二九年に生まれ、一九九五年、六十六歳で惜しくも病没した。

人間が果てしなく金と名誉を追いかけるあまり、人間らしい人間の心、ゆったりとしてあたたかい人間の心を、そしてそのように生きるための時間をどんどん失ってゆく姿を時間を盗むどろぼうと、盗まれた人間という形で登場させ、そういう現代文明に汚されない、本来の人間性をゆたかに持っている自然児モモと、時間の争奪戦をくり返しながら物語はすすむ。

ある日、しゃれた型の灰色の車から降りてきた灰色の紳士は—それが時間どろぼう—灰色の葉巻をくゆらせながらモモに語りかける。

「人生でだいじなことはひとつしかない。それは、なにかに成功すること、ひとかどのものになること、たくさんのものを手に入れることだ。ほかの人より成功し、えらくなり、金持ちになった人間には、そのほかのもの—友情だの、愛情だの、名誉だの、そんなものは、なにもかも、ひとりでに集まってくるものだ……」

と。この時間貯蓄銀行から来たという灰色の男たちの訪問を受け、いつの間にかその病原菌に犯され、それと契約を結んでしまった現代人や現代社会は、日に夜に姿を変えてゆく。毎日毎日ラジオもテレビも新聞も、時間のかからない新しい文明の利器のよさを強調し、こういう文明の利器こそ、人間が将来「ほんとうのせいかつ」「しあわせな生活」ができるようになるための時間のゆとりを生んでくれると強調する。ビルの壁面でも広告塔でも、ありとあらゆるバラ色の未来を描いたポスターがはられ、その絵の下には「時間節約こそ幸福への道」「きみの生活をゆたかにするために時間を節約しよう！」と、電光文字がかがやき、大きな工場や会社の職場という職場には、「時間は貴重だ――むだにするな！」「時は金なり――節約せよ！」と標語がかかげられた。

現代社会という砂漠に住む灰色の人間

その結果はどうなったか。大金持ちはよけいにかせぎもしたが、使うのも沢山。そして彼らはいつも不機嫌な、くたびれた、おこりっぽい顔をしていた。余暇の時間でさえ、すこしの無駄もなく使わなくてはと考え、わずかの時間にたくさんの娯楽をつめこもうとやたらとせわしなく遊ぶ。仕事をするのにも、仕事への愛情をもち、時間をかけてたのしみながら、などというのはとんでもない話。だいじなことはただひとつ、できるだけ短時間にできるだけ沢山の仕事をするということ。

建物を建てるにも、なるべく早く建ったほうがよい。そのためには画一化すること。大都会は見る見るうちにまるっきり見分けのつかない同じ型の高僧ビルが経ち並ぶ。そして日毎に人間のぬくもりもゆとりも入れる余地のない、冷えきった砂漠と化してゆく。

「時間をケチケチすることで、ほんとうはぜんぜんべつのなにかをケチケチしていることには、誰一人気がついていないようでした。自分たちの生活が日ごとにまずしくなり、日ごとに画一的になり、日ごとに冷たくなっていることを誰一人認めようとはしませんでした」

「けれど、時間とはすなわち生活なのです。そして生活とは、人間の心の中にあるものなのです。人間が時間を節約すればするほど、生活はやせほそって、なくなってしまうのです」

と、作者は物語の中で語りかけている。「時は金なり」と金を積むように時を惜しむことで、人間らしく生きるための時間や、その心をすっかり失い、ゆきつくところ、無関心、無気力、どんなものにも、どんな人にも感激も愛も持てない冷えきった人間、灰色の時間どろぼうと全く同じ灰色の人間になりさがった人間が、物だけはゆたかな生活の中で、抜けがらのように生きている。

管理された文明社会のわくからはみ出し、自然児のままに生きている少女モモは、時間をつかさどるマイスター・ホラから時間の意味を教えられ、時間の花の咲く壮麗な殿堂で、一人一人の人間に与えられる時間のゆたかさを知り、そういう時間を失って、空虚に、灰色に冷えきっている現代の人間たちに、その美しくあたたかい人間らしく生き、人間らしく花を咲かせる時間を返してやるというストーリーでこの物語は終わる。

時間とは生活であり、生活は心次第

灰色の時間どろぼうに時間をぬすまれ、灰色になっている現代人に『モモ』の作者は警告を発する。

「時間をはかるにはカレンダーや時計がありますが、はかってみたところであまり意味はありません。というのはだれでも知っているとおり、その時間にどんなことがあったかによって、わずかな時間でも永遠の長さに感じられることもあれば、ぎゃくにほんの一瞬と思えることもあるからです。なぜなら、時間とはすなわち生活だからです。そして人間の生きる生活とは、その人の心の中にあるからです」と。

問題は、機械的にはかられた時間の長さではなく、その中身に何がもられたかであり、時間とは生活であり、その人がどんな生き方をするかは、その人の心のありようにかかるというのである。まさに「時は生命《いのち》なり」の心そのものではないか。

時間の使い方は生命《いのち》の使い方

「時間の使い方は生命《いのち》の使い方」と語る渡辺和子先生のことを紹介しよう。三十代半ばの若さで岡山のノートルダム清心女子大の学長になられ、現在も理事長として勤めておられる方である。

昭和十一年二月二十六日(いわゆる二・二六事件)、日本の陸軍将校たちがクーデターをおこし、時の政府の要人の何人かが犠牲になった。陸軍大将、教育総監の渡辺錠太郎閣下もその犠牲者の一人で、和子先生はその愛娘である。その夜もお父さまと一緒に休んでおられた。

早暁はげしく門をたたく音にサッと気づかれたお父さまは、防弾チョッキを身につけ、部屋にあった机を立てかけてその陰に九歳になる和子さんを隠すと同時に将校がなだれこんできて、目の前で七十発の銃を受けて亡くなった。目のあたりにこの惨事を見たからシスターの道を歩かれたわけではないけれど、結果的にシスターの道を撰び、アメリカで修練女としての生活を送っておられる時の話をされた。

その時の配役は配膳係。〝こんなつまらない仕事〟と思いながら皿を並べていたことはまちがいない。うしろから修練長の声がかかった。「シスター、どういう気持で皿を並べておりますか?」。「いいえ、別に」とは云ったものの、体がしゃべっていたのである。〝つまらない、つまらない〟と。修練長が云った。「シスターは時間を無駄に過ごしております。同じ皿を並べるなら、やがてそこにお座りになるお一人お一人の幸せを祈りながら並べたらどうですか?」と。あとはシスターの言葉である。

つまらない、つまらないと思って並べても皿は並ぶ。お幸せに、と祈りながら皿を並べても皿は並ぶ。〝お幸せに〟という祈りが、やがてそこへ座る方にとどくかとどかないかはどうでもよろしい。つまらないと思って並べたらつまらない時間をすごしたことになり、かけがえのない生命をつまらなく使ったことになる。〝お幸せに〟と祈りながら皿を並べたら、愛と祈りの時間を使ったことになり、かけがえのない生命を愛と祈りに使ったことになる。

「時間の使い方は生命の使い方です。世に雑用はありません。用を雑にしたとき雑用が生まれるのです」と。

道元禅師が、同じ一つの仕事も、それに立ち向かう人の心の姿勢一つで、俗事にもおとせば仏事にも昇華させることができると説かれたことと、全く軌を一つにしていることに、思わず拍手をおくりたい思いであった。法衣を着てお経を誦んでいても、心のありよう一つで俗事におとしかねないし、ボロを着てお便所掃除をしていても、みごとな仏事ともなしうるのである。時にあずけられた生命、心して歩まねばと思うことである。

十　具体的に今ここでどう行ずるか——平成十九年勅題「月」によせて

具体的に今ここで行ずるのみ

いつだったか、午前十時頃、三日月形に日蝕したことがあった。そろそろ日蝕の時間というので、弟子に呼ばれて東の廊下から庭へ下りて立とうとしてハッと足を止めた。軒先に繁る藪椿《やぶつばき》が、廊下いっぱいに影をおとしている。いつも眺めている景色なのだが今日は違う。いつもなら木もれ日が水玉模様のようにまるく木の葉のゆらぎと共におどっているのに、その木もれ日が皆三日月形になっているではないか。廊下いっぱいの木もれ日が、くっきりと三日月を刻んで揺れている。私は思わず、庭で太陽を見あげている弟子を呼んだ。

「見てごらん。木もれ日がみんな三日月形をしているよ。木もれ日というものはまるいものと思っていたけれど、あれは太陽の姿をあらわしていたんだね。今、太陽が日蝕で三日月形になった。その姿がそのままここまでとどくんだね。

考えてみれば、当り前のことであったんだけど、気づいていなかったね」と。

並木道を歩いているとき、山菜とりなどにいって木陰でお弁当などを開くとき、足もとにおちてくるまるい木もれ日に、別に心をとめることはなかった。そういうものと思って何の疑問も関心も持たずに、人生のおおかたを過ごしてきてしまった。太陽が、おのが姿を、そして光を、ぬくもりを、一億五千万キロの彼方《かなた》より、地上の隅々にまで、全く平等に、隈なくとどけてくれていたのだと、感動をあらたにしたことであった。

道元禅師《どうげんぜんじ》のお言葉に、

「人の悟《さとり》をうる、水に月のやどるがごとし。月ぬれず、水やぶれず。ひろくおほきなる光にあれど、尺寸の水にやどり、全月も弥天《みてん》も、くさの露にもやどり、一滴の水にもやどる」（『正法眼蔵《しょうぼうげんぞう》』現成公案《げんじょうこうあん》）という美しいお言葉で示された一節がある。

雨あがりの早朝、枝から枝に張られた蜘蛛《くも》の巣に宿った露に朝日が輝き、七宝《しっぽう》を散りばめた瓔珞《ようらく》のような、たぐいない美しさに思わず見とれることがある。同じ光を受けて、その下のつくばいの水もきらめき、周辺の草々の葉末葉末に宿る露も銀色に輝き、冬枯れて朽ち葉色になり、昼間は見るかげもないえのころ草まで、輝く露に荘厳《しょうごん》されて、こうごうしいまでの姿へと変貌している。

くさぐさの葉末にやどる白露の
一つ一つに月影の澄む　（平成十九年勅題「月」）

地球のすべてを包みこみ、そこにあって生命いとなむものたちのその生命の根源を支えている大いなる太陽の光が、地上の一切のものの上に、全く平等に宿ってくれるのである。まさに「おほきなる光にあれど、尺寸の水にもやどり」「くさの露にもやどり、一滴の水にもやどる」のお言葉がそれである。道元禅師が清澄な光の譬《たとえ》としてとりあげられた月さえも、この太陽の光を受けて輝いているのである。

太陽や月の光とそれを受ける一切のものとのかかわりをもって何を語ろうとされているのか。この地上に存在する一切のものは、天地間にみちみちている仏の御働き（仏性）の只中に包まれ、ひとしくその御命をいただいて、今ここの営みがある（悉有）のだということを、禅の専門の言葉を借りるならば、「悉有仏性《しつうぶつしょう》」の心を、語ろうとされているのである。

道元禅師は同じく『正法眼蔵』「都機《つき》」（万葉仮名での表記、月のこと）の巻の冒頭に、

「釈迦牟尼仏言《のたまわ》く、仏の真法身《しんほっしん》は、なお虚空《こくう》の若《ごと》し、物に応じて形を現ずることは、水中の月の如し」

の言葉をかかげ、更に『永平広録』では雲巌《うんがん》と道吾《どうご》が庭掃除ということを借りての商量をとりあげて敷衍しておられる。雲巌と道吾は実の兄弟でもあり、弘法大師や伝教大師が唐に留学したころ、薬山禅師のもとで修行していた。

雲巌が庭掃除をしているところへ道吾がやってきて「ご苦労さまですね」と語りかける。

くさぐさの葉末にやどる白露の一つ一つに月影の澄む

雲巌が「苦労でないものがあることを知らねばならない」と答える。道吾が「それなら二つの姿があるのか」と更に問いかけるのに対し、雲巌はだまって箒を立ててみせた。つまり掃除のときは掃除に徹するのみ。仏の御生命、御働きを、今ここの配役の上に行じぬくだけ、と答えたわけである。

『従容録《しょうようろく》』の原文では「区々《くく》たらざるもの」と「区々《くく》たるもの」を、第一月、第二月という言葉で表現し、更に道吾の「第二月ありや」の言葉の下には「豈《あ》にただ第二のみならんや。百千万箇」という、万松老人による著語《じゃくご》がそえられている。「仏の真法身」（仏性）に当たるのが第一月なら、千波万波、草々の葉末の露にまで、もらさず姿を現ずる方を第二月（悉有）と呼ぶことができようか。

瑩山禅師と峨山禅師の間にかわされた両箇の月とは

道元禅師から四代目、曹洞宗の一方の本山である総持寺を開かれた瑩山禅師と、そのあとを受けて総持寺の基礎づくりをされた峨山《がさん》禅師との間に拈提された「両箇の月」についての公案が伝えられている。

ある秋の夜、瑩山禅師と峨山禅師は澄みわたる月を眺めておられた。ふと瑩山様は峨山様に向かい、「お前は月に両箇あることを知っているか」と尋ねられた。「知りません」と答える峨山様に向かい「月に両箇あることを知らぬ者は、わが宗門の後継ぎにはなれないぞ！」

と厳しく叱咤された。この「両箇の月」の答えを得て、師の瑩山さまのお許しをいただくまでに、更に二年の修行の歳月を要した。

「月に両箇あり、即ち月が二つあるというのは、中天にかかって澄みぬいている月と、その月が光を放って物皆をあまねく照らしわたっている光と、二つの働きを申されたのである。」

「峨山様が『ああ、そうだ。ここのところだ！』とお気がつかれたのは、即ちこの一つにして二つ、二つにして一つの関係するところがぴったりとわがものになったことを意味するものなのだ。」（『現代名僧講話』）

これは総持寺独住第十七世を董された渡辺玄宗禅師のお言葉である。仏性と悉有、中天に輝く月と水に宿る月、第一月、第二月、あるいは百千万月というと、そこに別の存在があるような錯覚におそわれる。「一方を証すれば一方暗し」で一つなのである。

道元禅師が「生死即涅槃」とか「色即是空」と二つ出すから迷う。「即」ということは「一つ」ということ。一つなら二つの名前を出す必要はないとし、「色即色」「生死即生死」と窮められたお心はそこにあるのであろう。大切なことは、具体的に今ここで、この生命をどう発現してゆくか、どう行じてゆくかに帰するのではなかろうか。

十一　かしこみて伝えまつらん——平成二十年勅題「火」によせて

実践に支えられた相続の力

仙台の奥座敷といわれる秋保《あきう》温泉の「佐勘」という宿に泊った。千年の伝統を守る宿だという。伊達藩の代々の藩主が使われたという総檜造りの、能舞台を思わせるような湯殿につかり、部屋へ帰る途中、古風な寄せ棟造りの建物に立ち寄ってみた。真黒にすすけた大きな柱や梁、高い所に神棚がまつられ、前の大きな囲炉裏には炭火が赤々と燃え、自在につられた釜の湯をたぎらせていた。囲炉裏の四隅に塩が盛られ、横に「聖火」と書かれた立札が置かれ、その由来が記されてあった。

四百年前にこの宿が大火で全焼した。そのときの主人公が、「再び火災をおこしてはならない」と発願し、はるばる高野山まで登り、奥の院の一灯をいただいて帰り、歴代守り伝えて来たのがこの火だという。そのお湯で点《た》てたお茶を御馳走になりながら、しみじみと思った。

具体的に「火を守る」という「形」と「行」に支えられて、四百年前の主人公の願いが生き生きと、今日まで相続されたのだと。

口で「火を大切にしなさい」と説き、あるいは文章に書き残しても、それはせいぜい一代か二代で反古《ほご》になり、説得力を失ってしまうであろう。主人公みずからが奥羽のはてから遠く紀州の山奥の高野にまで登るだけでも、当時としては命がけの旅といってよかろう。その上、小さな火を消さずに長途の旅を持ち帰る、それだけでも想像にあまるものがある。それが子孫代々消さずに相続しつづける。これも大変な苦労が伴う。

「昔は、昼の間は薪を燃やし、夜になると炭火として灰に埋めて守り続けて参りましたが、今は建物が煤けるというので薪を燃やすことは止め、炭をつぎ続けております」と、火守りが語ってくれた。

うっかりしたら火は消えてしまう。よそごとに心をうばわれていたら火は消えてしまう。眠りこけていても火は消えてしまう。仏の教えの中に「不忘念」とか。「正念相続」という言葉があるが、忘れずに念じつづけ、具体的に炭をつぎつづけるという「形」に守られ、怠りなく「行じつづける」という行為のおかげで火は相続され、同時に、四百年前、高野山からいただいて来たという当主の初発心の願いも、生きた力をもって、自他を説得しつづけることができるのである。形を守ることの意味、実践しつづけることによる力の大きさを、あらためて思ったことである。

オリンピック聖火リレーに托された願いも同じといえよう。紀元前七七六年に古代ギリシャ人がオリンピヤで、ゼウスの神を讃える大祭を行い、余興として諸種の競技を催したのがオリンピックの始まりであり、そのゼウスの神に捧げた火を、アテネからオリンピック開催地まで運ぶのが聖火リレーである。一つの火を、地球の果てまで消さずに。しかも一歩一歩走るという行為によって届けられるところに意味がある。実践という、具体的修行という裏打ちのもとに相続されるところに、大きな意味と力を持つことを忘れてはならない。

禅の世界でも、お釈迦さまの掲げられた誓願の火を、二千五百年後の今日まで実践という生演奏をもって、人格より人格へと伝えられた歴史をつづったものを、『伝燈録《でんとうろく》』と呼び『祖燈録《そとうろく》』と呼んでいる。その火を受けつぎ、次の世代に伝える一人としての配役をいただいたことへの喜びと使命の重さを思うことである。

もう一つ、「火」にちなんで心にとどめおきたい言葉を紹介したい。

「小さな火を冷たい灰の中にばらまくと消えてしまうが、寄せ集めればカッカとしてくる。誰しも一分の道心は持ち合わせている。その道心を寄せ合って行道する、これを同行の善知識という」

これは沢木興道老師の言葉である。ひとたび誓願の火をかかげても、人間は弱い。長い人生の旅路の途中にはどんな嵐が吹くかわからない。小さな弱い火は、その無情な嵐の前にかき消されかねない。それを支えてくれるのは、同じ志を持った友といえよう。よき師、よき友に支えられつつ支えつつ、ともした誓願の火を、少しでもより高くかかげつづけてゆきたいと願うことである。

かしこみて伝えまつらん後の世に
　君がかかげし法のともしび

今少し今少し高くかかげばや
　君がともせし法のともしび

利行は一法なり——自他ともにいただくぬくもり

君にすゝむ手あぶりの火のぬくもりに
　ほころびそめし一輪の梅

道元禅師の「利行は一法なり。あまねく自他を利するなり」のお心を歌に託したものである。客にぬくもっていただきたい、とすすめた手あぶりの火のぬくもりで、部屋中があたたまり、共にいる私もぬくもり、床の間に活けた梅の花もほろこびそめた、というのである。

何か事があり、人々が集まると、台所を担当する者は一日中、あるいは前の日から忙しい。休む暇もなく寒い台所で立ち働き、食べる側にまわった人々は、あたたかい部屋で手をぬらすこともなく御馳走《ごちそう》を食べることができて羨《うらや》ましい、自分の方は何と損な役まわりだろう、と思ってはならない。お客さんに喜んで食べていただこうと、一生懸命作らせていただくことのお蔭で、料理の腕を磨くことができるではないか。むしろ得をしているのは私の側であったと喜ばせていただかねばなるまい。菓子の文化は茶の湯と共に育つ、といってもよい。私の寺へ出入りの菓子屋も、初釜や茶事や茶会の度に、その時の趣旨や希望に沿った菓子を工夫しては届けてくれる。今年も初釜のおり、この勅題を書いた色紙をプレゼントしながら、「あなたが〝客の喜ぶような菓子を〟と、ただ一筋にそれだけを希《ねが》って一生懸命いいお菓子を作れば、自然に店は繁盛する、というのが、この歌の心なのよ」と語ったことである。

修行道場では毎月初めに摂心《せっしん》というのがある。朝四時から夜九時までぶっ通しの坐禅が三日乃至《ないし》五日間行われる。その間、毎日午前と午後、一時間半ずつ二度の提唱《ていしょう》（講義）をする。多忙な私は前もって六回なり十回の提唱の準備ができず、夜九時すぎ、ようやく自分の部屋に帰ってから、翌日の三時間分の提唱の準備をする。眠気とたたかいながらも深夜まで古人の語録をひもとき、お蔭ですばらしい一句に出逢うこともできる。あるいは何回か読んだものも更に点検のしなおしをすることにより、見落としていた箇所、浅い読みしかしていなか

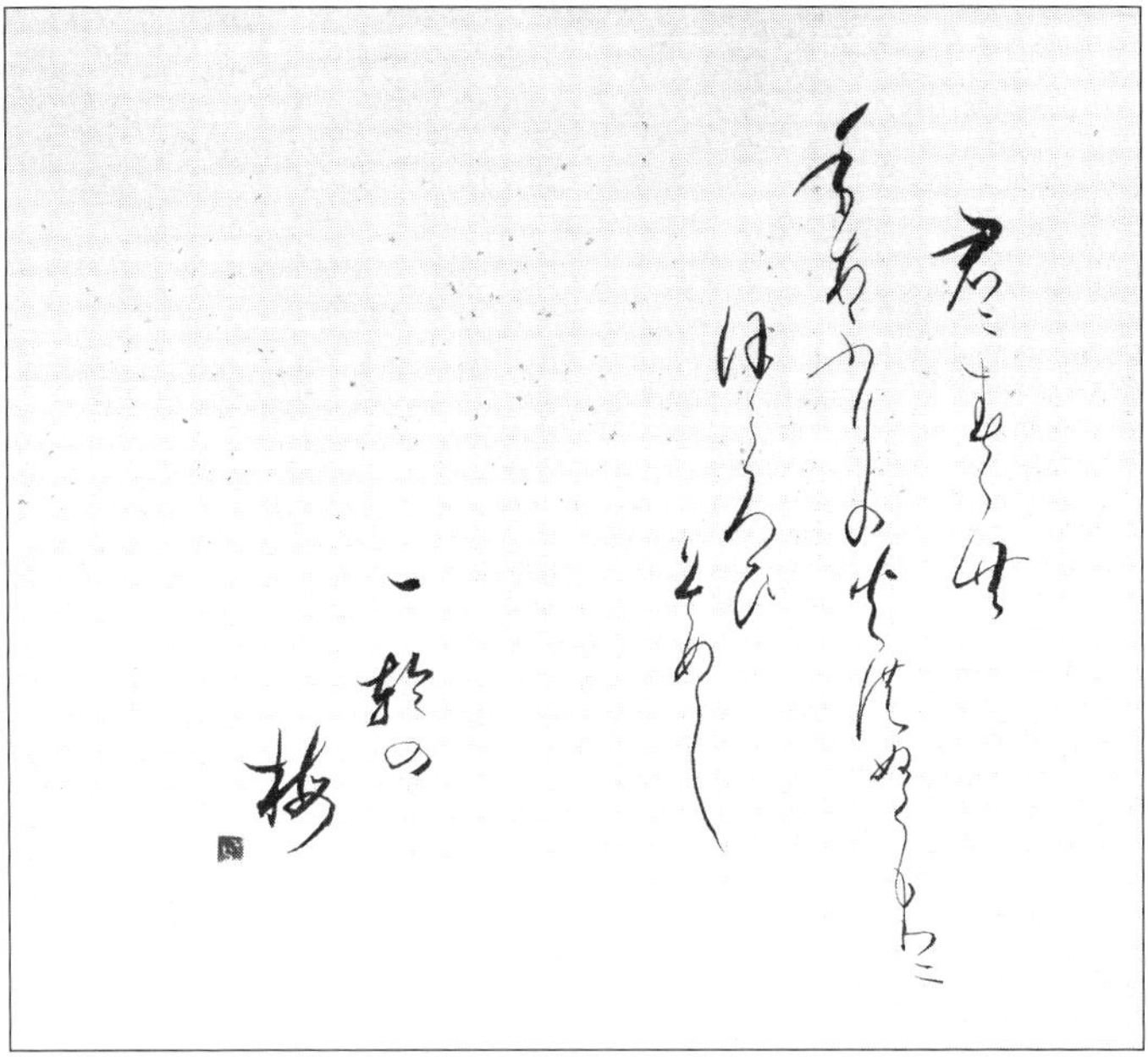

君にすゝむ手あぶりの火のぬくもりにほころびそめし一輪の梅

った所等々に気づかせていただくことができる。

また聞く側は気楽で、責任もないから、時に居眠りをしても自分が損するだけだが、講義をする側にまわったら居眠りはしておられぬ。しかも講義をするということは、少なくとも十を知ってようやく一しゃべれるというものである。聞く側はどんなに熱心に聞いても十聞いて五いただければ上等、二か三しかいただけないものである。聞き手の利益のためにと勉強し、講義するのであるが、一番利益をいただいているのは講義をせねばならない配役をいただいている私なのである。

育児は育自と気づく――子や生徒に育てられ

空港で拾ったタクシーの運転手は女性であった。「ありがとうございます!」という明るくはずむような挨拶《あいさつ》と共に車は走りだした。女性ドライバーは親し気《げ》に語りかけてきた。「私、母子家庭なんです。縁あって結婚し一人の男の子が授かりましたが、間もなく離婚しました。今、息子は中学3年になります。やがて息子が一人前になったとき、誇れる母であらねばならないと思い、毎日を心して大切に生きております。もし息子がいなかったら、私は堕落していたと思います。息子のお蔭《かげ》で生活を正して生きることができると、息子を拝みながらの毎日です」

私はうれしくなってこんな話をした。「私のお茶の生徒で横浜へ嫁に行き、3人の子供の親になっている方から、こんな手紙が来たんですよ。『子供を育てるということ〝育児〟は自分を育てるということ、つまり〝育自〟に他ならないと痛感している』と」

ある時
よくよくみると
その瞳の中には
黄金《きん》の小さな阿弥陀《あみだ》様が
ちらちらうつっているようだ
玲子よ　千草よ
とうちゃんと呼んでくれるか
自分は恥じる。

山村暮鳥の詩である。信じて疑うことを知らない澄んだ瞳で〝父ちゃん〟と呼んでくれる。その信に答え得る自分であったか。子の前にわが身を懺悔《ざんげ》し、その信に答えうる親にならねばならないと、限りなく姿勢を正しつづける親にして、初めて親らしき親といえ、またそういう親のもとにあってはじめて、子もすこやかに育つというものではなかろうか。

愛の教育に生涯をかけられた東井義雄先生の言葉に「子供こそ大人の親ぞ」というのがある。女性ドライバーの「息子のお蔭で姿勢を正して生きられる」と語った言葉を聞いて、東井先生の言葉が心底納得できた。

子供が大人の親であり、鏡であると同じことが、教師と生徒の上にもいえるのではなかろうか。生徒のお蔭で教師は教師として育ってゆくのである。私も雲水を育てるという立場にある。怠け者の私が、雲水のお蔭で、どうやら怠けずに修行させていただき、勉強させていただいて50年。一筋に雲水のお蔭と感謝の日々である。親は子を親とし、鏡として、先生は生徒を先生とし鏡として、拝み、学び、限りなく己をつつしんで生きる人にして初めて親と呼ばれ、教師と呼ばれるにふさわしい人といえるのであろう。

まさに「利行は一法なり」である

この「利行は一法なり」の一句は、道元禅師が『正法眼蔵《しょうぼうげんぞう》・菩提薩埵四摂法《ぼだいさったししょうぼう》』の中で説かれたものである。我欲を中心とした生き方から誓願の人生へと、方向転換をした人を菩薩《ぼさつ》と呼ぶ。その菩薩の誓願を、布施《ふせ》・愛語《あいご》・利行・同事《どうじ》の四つに分けて示されたものの一つで、自分のことは忘れ、一筋に相手のよかれとのみ願って行動することが、おのずから私も、すべての人も等しく利益を頂戴することができる、というのである。ということは、逆に自我の利益の追求ばかりを考えて行動する結果は、自他共に貧しくなるばかり、ということになろう。心して教えを頂戴し、毎日の生活の中に生かして生きたいと思う。

十二　まろびてもまたまろびても——平成二十五年勅題「立つ」によせて

良き師の生き見本に励まされて

十一年にわたる大学での文字通りの遊学生活に区切りをつけ、幾つかの就職の誘いのすべてをことわり、三十二歳の春、私は迷わず修行道場の雲水と生活を共にするという道を択んだ。以来、早くも半世紀の時が流れた。

毎月の摂心《せつしん》、特に臘八《ろうはつ》摂心と涅槃会《ねはんえ》摂心《せつしん》は日程が長い。朝四時から夜九時まで通しての坐禅の間をぬって、午前と午後、一時間半ずつ二度の講義をする。その講義の準備は夜の九時開枕《かいちん》（就寝）から朝四時の振鈴《しんれい》（起床）前までの時間。どうにか納得するまでやると、早くて深夜の十一時、ときに十二時近くなる。幾晩も続くと体が休んでくれと訴え、つい寝ようかな、と眠気に誘惑される。そんな時、聞こえてくる声がある。

「労働基準法にはずれるとか、残業手当とか、世間はむつかしい。労働基準法に外れるほど働いて、朝四時から夜の十時まで坐禅して、提唱して、夜中の一時まで本を読んで翌日の準備に当てる。これ遊びじゃから何ともない。………」

沢木興道老師のある日の御提唱中の一言である。生涯を移動叢林と名づけて、摂心に明け暮れされた沢木老師。御巡錫《じゅんしゃく》の先々での深夜の御精進の姿が、しかも限りない悦びの中で祖録《そろく》を参究しておられるお姿が眼に浮かぶ。

更に見えてくる心象風景がある。余語翠巌老師を迎えての涅槃会摂心中のことであったかと思う。摂心中は風呂はないのであるが、老師さまだけ、五日間なら真中の日の夜一度、書院に風呂を準備して入っていただいた。「一人ではもったいないから、堂長さまにもどうぞお入りを」と、老師さまの言葉を侍者《じしゃ》が伝えてきた。夜の九時開枕後、やはりいそぐ書類などの整理をし、十一時近くであったろうか。お風呂へ入ろうかと思い、渡り廊下を書院へと向かった。老師さまのお部屋にあかりが見える、はて？ お休みになっているはずなのに、と、渡り廊下の窓越しに、庭の植えこみ越しにそっとうかがうと、机に向かって端然とお座りになり、本を読んでおられるお姿が見えた。〝あゝ、雲水達がみな寝しずまってから、夜半起きあがって、翌日の御提唱の準備をしていて下さるのだ。もったいないことだ〟と、私は思わず合掌し、風呂へはゆかず、そのまま部屋にもどり、姿勢を正しなおし、私よりも二十歳も年齢を重ねておられる老師に負けてはならぬ、と、再び机の前に座った日のことを忘れない。

捨て身の心の立ち上がりこそ

まろびてもまたまろびても嬉々として
　立ちあがりゆかん幼な児のごと

歩みを覚えはじめた幼な児が、立ちあがったといって喜び、ころんだといって笑い、また立ちあがって二、三歩いてころび。何の屈託もない所作は、見ている大人達の心までも、無垢なる世界へ、やすらかなる世界へと誘導してゆく。こざかしい人間の分別で垢づき、その分別の縄でがんじがらめになって動きがとれなくなっている、そのしがらみが、幼な児の無垢なる笑みや動作によって解きはなたれるのであろう。

大人になると、ころんだり失敗したことにこだわり、なかなか立ちあがれない。昔から「失敗が人間を駄目にするのではなく、失敗にこだわる心が人間を駄目にする」といわれているように、幼な児のごと、こだわりなく立ちあがりつづけていきたい。

ともしびをかかげつづけよ

さがしたってないんだ。
自分でぐうっと熱が高まってゆくほかはない。
自分の体をもやしてあたりをあかるくするほかはない。　八木重吉

卒業生を送る会の夜、最後のキャンドル・サービスで、私のローソクの火を全員が自分のローソクに点してもらい、一つの大きなともしびの輪をつくったところで語った。

「初めは人生の先達、師匠から火をともしていただかねばならない。つまりまちがいのない教えを学ばねばならない。次には自分の体温でまわりの蠟《ろう》をあたためとかしながら、火をともし続けなければならない。師匠であろうと、親子、兄弟、夫婦であろうと、絶対に代わってもらえない人生。私の人生は、私の足で、私の額に汗しながら歩むことで拓《ひら》いてゆかねばならない。

次に大切なことは相続してゆくということ。人生の行く手にどんな嵐が待っているかわからない。いかなる風が吹こうと火を消さず、一層に発心を百千万発してともし続けてゆくということ。

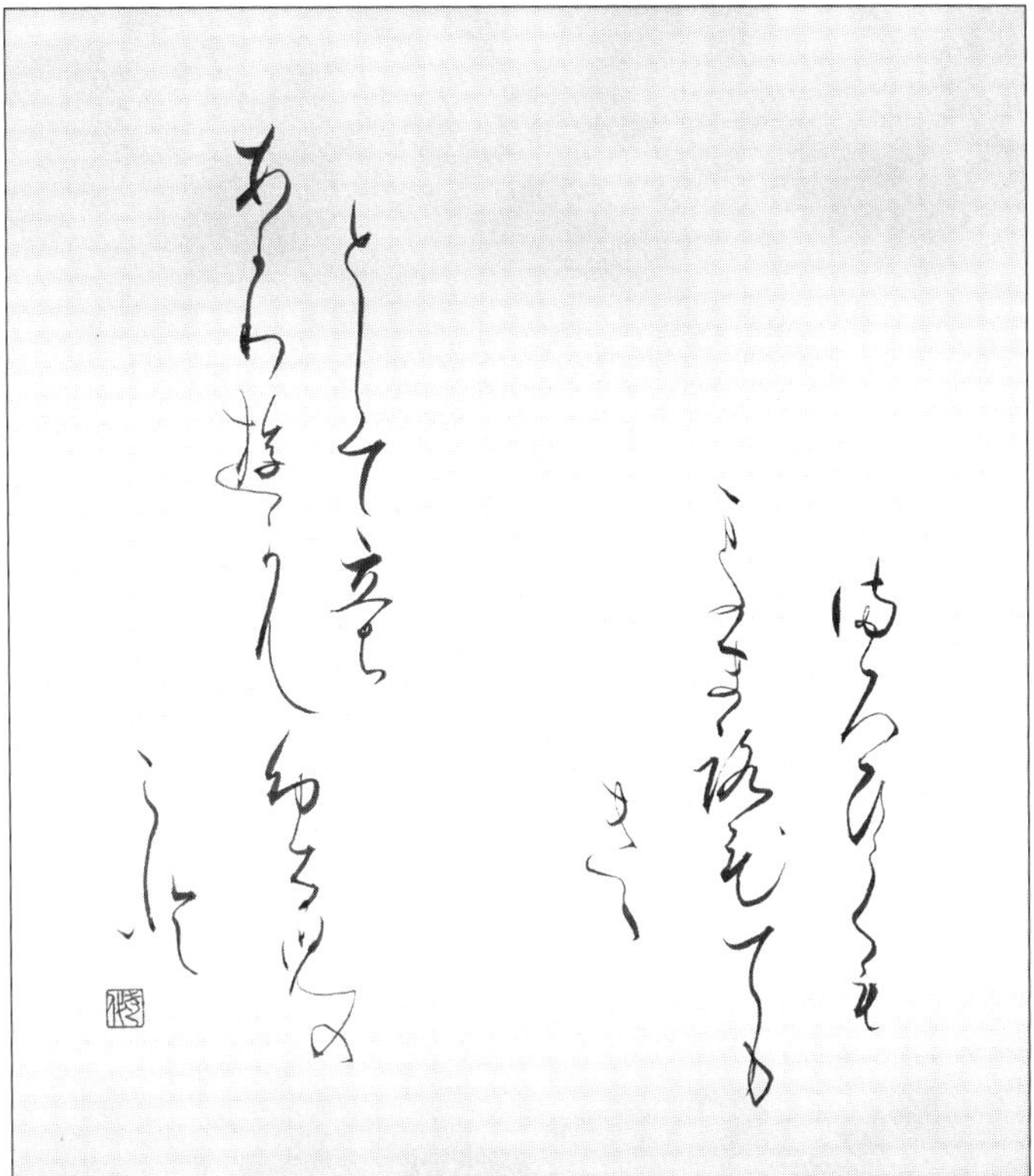

まろびてもまたまろびても嬉々として立ちあがりゆかん幼な児のごと

もう一つ、火をともしさえすれば闇は消える。闇を嫌い消そうとしなくても、ともしびをかかげさえすれば、おのずから闇は消える」と、卒業生への餞として語った。

切なる心の立ちあがりがなければ道は開けぬ

三百年の栄華を誇った唐代にも翳《かげ》りが見えてきた晩唐の頃、葉県《せつけん》の広教院という寺に帰省《きす》和尚という、きわめて冷厳枯淡《れいげんこたん》な禅僧が住職していた。その徳風を慕い、浮山法遠《ふざんほうおん》と天衣山《てんねざん》義懐《ぎえ》の二人が、深雪を踏み分けてその門を叩いた。入門の許しが出るまで、旦過寮《たんがりよう》といって仮の宿舎が与えられ、そこで坐禅をし続ける。帰省和尚がやって来て、怒鳴り、追い出そうとし、水までもぶっかける。多くの雲水達は怒って帰っていった。が、法遠と義懐の二人は、ぬれた床を拭《ふ》き、衣装を取りかえ、何事もなかったかのように坐禅し続ける。帰省和尚がやって来て「お前達、ここを去らなければ、ぶっ叩くぞ!」と怒鳴った。法遠は顔色一つ変えず、しずかに進み出て言った。「私共二人、数千里、貴僧様《あなた》の徳を慕い、参禅せんと思ってやって参りました。一杯や二杯の水をぶっかけられたって帰りやしません。打ち殺されても帰りません」と。帰省和尚はようやくニッコリとほほえんで、「お前達二人の入門を許す」と言われ、二人は更に厳しい修行を、文句なしに勤めあげてゆかれた。

古来、禅門では入門の許しを得るため、「庭詰《にわづ》め」などという試練を乗り越えねばならず、それは今日に到るまで厳しい姿を取り続けている。がこれは、むしろ親切の極みの姿であると思う。本気、やる気、切なる心の立ちあがりがなければ、そのまっただ中にあっても、人にも出会えず、教えもいただけないから。

お釈迦さまほどのお方でさえ、世間的なものの一切を捨て、生命をかけての御修行の末に見出された天地宇宙の真理、その中における人の生命のありようを、なまはんかな心構えでいただけるはずがない。このすばらしい教えをいただくだけの受け皿の準備ができているか、この深遠なる教えを聞く心の準備ができているか、捨て身の心の立ちあがりがあるか。それを問い正すための入門の厳しさである。

古人も「発心《ほっしん》正しからざれば、万行《まんぎょう》むなしくほどこす」と示しておられるように、初一歩の姿勢がまちがっていれば、最後まで駄目なのである。

タタケトナ　開カレツルニ

これは柳宗悦《やなぎむねよし》さんの言葉である。言うまでもなく『新約聖書』のマタイ伝に出てくる「求めよ、さらば与えられん。尋ねよ、さらば見出さん。門を叩け、さらば開かれん」の言葉を踏まえての一句である。私も若き日、生意気にもこの柳さんの言葉をふりまわして、「求めなければ与えられないというのか。叩かなければ開かれないというのか。仏の広大な慈悲の門は、そんな条件付きではない。叩く、叩かないにかかわらず、開かれっぱなしに開かれ、求める求めないにかかわらず、与えられっぱなしに与えられているものなんだ」と言ってはばからなかった。

しかし今は違う。広大な慈悲の門は、求める求めないにかかわらず、叩く叩かないにかかわらず、無条件に開かれ、与えられているものであるけれど、問題は此方側《こちら》にある。切に求めようという心の立ちあがりがなければ、いただくことができないのだ、ということに遅ればせながら気づかせていただいた。

　その道に入らんと思う心こそ
　　わが身ながらの師匠なりけり

と千利休《せんのりきゅう》も詠《えい》じているように、いかなる世界であろうと、またいかなる事に対しても、切に求めるという、本気で取り組んでゆこうとする心の立ちあがりがなければ、何もいただけず、また事を成就することもできないのである。

更には、切に求めようという心を一度起こせばよいというのではない。道元《どうげん》禅師は、「一《いち》発菩提心《ほつぼだいしん》を百千万発《ひゃくせんまんぱつ》するなり」とおおせになっておられる。

こんな話を聞いた。高校時代、あまり成績のあがらなかった人が文化勲章を貰ったとき、同級生が集まってこう言った。「お前が文化勲章を貰うんじゃ、我々のクラスにはノーベル賞を貰う奴が何人もいなければならない」と。

その方はこう答えたという。

「人生は一段式ロケットじゃ駄目だ。どんな威力のあるロケットでも一度きりじゃ駄目だ。一度噴射し、また噴射し、もう一度噴射して方向転換し、それでも駄目ならまた噴射して軌道修正をするというようにして進まねばならない」と。

「よし！　やるぞ！」という心の立ちあがりがなければ何事も始まらないが、それを一度起こせばよいというものではない。今日も明日も、一生起こし続けて初めて事は成就するものであることを忘れまい。

あとがきにかえて

読むのではなく拝読せよ

「心をこめて一字一句をお書きくださったことを思いますと、下にも置けない思いで拝読させていただきました」

これはそそっかしい私よりの手紙への、松原泰道老師からのお返事の一節である。はるかに後輩の、若輩の私の手紙にさえ、それほどの思いをよせてお読みくださっている。私は何と心ぜわしい、浅薄な思いで書き、また読んでいたことであろうかと、反省した日のことを、今も忘れない。

私共、仏門に身をおく者は、釈尊や歴代祖師方の説かれた経本や、宗乗と呼んで禅宗や曹洞宗の祖師方の著された祖録は袱紗に包んで持ち歩き、拝読するときも、きちんとお袈裟をかけ、姿勢を正し、お経を読み、押しいただいてから開き、拝読する。もちろん床や畳の上には絶対に置かない。置いてはならないのではなく、置けないのである。

読むにあらず拝読せよの師のことば
　心に刻み眼蔵を繰る　（注、『正法眼蔵』）

道元禅師は「面授」ということを大切にされた。〝直接にその人に会うことで、まのあたりに人格にふれ、あるいはその声を心の耳を開いて聞け〟というのである。

あなたがそこに
ただいるだけで
なんとなく
その場の空気が
あかるくなる

あなたがそこに
ただいるだけで
みんなこころが
やすらぐ

そんなあなたに
わたしもなりたい

これは相田みつをさんの詩である。何かを語っているわけではない。そこにその人がいるというだけで、その方のお姿やお顔を見ただけで心安らぐ、生きてゆく勇気が湧いてくる、そんなお方がいるものである。

幸いにそういうお方にめぐりあうことができ、師と仰いでの研鑽の月日を重ねることができた者にとっては、その方の亡き後も、たとえ何十年を経ようと、その方の著された本を拝読していると、まのあたりに居ますがごとくお姿が見え、お声が聞こえてくるものである。

本にあらず文字にもあらず師の君の
　声と姿をおろがみて読む　（平成二十七年勅題「本」によせて）

「眼光紙背に徹す」とか「行間を読め」とか「詩のように朗読し、響きとして読め」とか、古来、本の読み方には意味深い言葉が残されている。心して、深い本の読み方をしたいものと思うことである。

著者紹介

青山　俊董（あおやま・しゅんどう）

昭和８年、愛知県一宮市に生まれる。五歳の頃、長野県塩尻市の曹洞宗無量寺に入門。15歳で得度し、愛知専門尼僧堂に入り修行。その後、駒澤大学仏教学部、同大学院、曹洞宗教化研修所を経て、39年より愛知専門尼僧堂に勤務。51年、堂長に。59年より特別尼僧堂堂長および正法寺住職を兼ねる。現在、無量寺東堂も兼務。昭和54、62年、東西霊性交流の日本代表として訪欧し、修道院生活を体験。昭和46、57年インドを訪問。仏跡巡拝、並びにマザー・テレサの救済活動を体験。昭和59年、平成９、17年に訪米。アメリカ各地を巡回布教する。参禅指導、講演、執筆に活躍するほか、茶道、華道の教授としても禅の普及に努めている。

著書：『生かされて生かして生きる』『仏のいのちを生死する』『わが人生をどう料理するか』上・下『禅のことばに生き方を学ぶ』『あなたに贈ることばの花束』『花有情』『従容録ものがたりⅠ、Ⅱ、Ⅲ』『手放せば仏』（以上、春秋社）『天地いっぱいに生きる』（曹洞宗宗務庁）他多数。

くれないに命耀く　禅に照らされて

2015年12月10日　第１刷発行

著者ⓒ＝青山　俊董
発行者＝澤畑　吉和
発行所＝株式会社春秋社
〒101-0021　東京都千代田区外神田 2-18-6
電話　(03)3255-9611(営業)　(03)3255-9614(編集)
振替　00180-6-24861
http://www.shunjusha.co.jp/
印刷所＝信毎書籍印刷株式会社
製本所＝黒柳製本株式会社
装　幀＝鈴木伸弘

ISBN 978-4-393-15339-0　C0015　　Printed in Japan
定価はカバーに表示してあります

青山俊董の本

光を伝えた人々　従容録ものがたり

『碧巌録』と並ぶ公案集として有名な『従容録』の問答を機縁に、単なる禅問答の知的理解にとどまらず、あくまでも生活に根ざした「今・ここ」を生き生きと生きるための智慧を語る。　1700円

光に導かれて　従容録ものがたりⅡ

曹洞宗の禅の公案集として名高い『従容録』の一則一則の要諦を懇切に解説。われわれの人生を真実に生きるための素材として、豊富な話材を駆使して語る、やさしい法話集。　1800円

光のなかを歩む　従容録ものがたりⅢ

お釈迦様の時代より、師から弟子へ連綿と伝えられてきた、かけがえのない仏心(いのちの真実)を、いかに日常の生活の中で自覚して生きるかを説く、著者畢生の労作。　1800円

あなたに贈る　ことばの花束

四季折々の野の花たちに囲まれた百四十句の言葉たち。それは著者自身の人生の中で常に指針となり慰めとなったものである。ちょっとホッとする時間に誘われる、会心のエッセイ。　1000円

花有情

「花は野にあるように(利休)」無垢な野の花、山の花の数々を、四季折々にそっと花入れに移した風情を追った写真の数々に、珠玉のエッセイを付した華やかで心温まる写真文集。　3500円

▼価格は税別。